Raiz das Estrelas:

o jardim que é meu...

um jardim que é nosso

oka

Pavitra Shannkaar

Raiz das Estrelas:

o jardim que é meu...
um jardim que é nosso

Um tratado sobre ética profunda

2ª edição

São Paulo
Editora Oka
2019

Capa | Ilustração: Kaliani Dassi
Arte final: Niky Venâncio
Ilustrações: Kaliani Dassi
Revisão: Vanessa Ferreira e equipe
Curadoria de texto: Profª. Drª. Vimala Ananda Jay

Dados Internacionais de Catalogação na Publicação (CIP)
Agência Brasileira do ISBN - Bibliotecária Priscila Pena Machado CRB-7/6971

S528 Shannkaar, Pavitra.
Raiz das estrelas : o jardim que é meu - um jardim que é nosso : um tratado sobre ética profunda / Pavitra Shannkaar. - 2. ed. - São Paulo : Oka, 2019.
288 p. : il. ; 23 cm.

Inclui bibliografia.
ISBN 978-65-80396-01-6

1. Ética. 2. Consciência. 3. Filosofia da mente.
I. Título.

CDD 170

Para mais informações sobre o autor acesse o site:
www.pavitrashannkaar.com.br

Editora Oka
Rua Dr. Abelardo Vergueiro César, 252
Vila Alexandria
04635-080 São Paulo - SP
Tel.: (11) 2638.8197
vendas@editoraoka.com.br
www.editoraoka.com.br

Desbravar-se entre as florestas do inconsciente requer, muito além de intuição e vontade, um reforçado estudo e destreza. Quando os sonhos dialogam com nossas atitudes do dia a dia, carece ter extremada atenção, quando a busca é a autorrealização. Nossas paisagens tempestuosas; o poderoso inimigo interno; a ingênua criança que por vezes não consegue decifrar o óbvio ante a emergência dos estados; formam a intrincada e muito sofisticada estrutura que sustenta a nossa saúde.

Felizmente, um sem número de grandes pesquisadores vieram à nossa frente e deixaram marcas, bússolas e lemes, para nos guiar. A essas almas eu dedico esses registros, como um gesto de humildade ante a sabedoria da vida.

ÍNDICE

PREFÁCIO

Denominada poeticamente, essa obra constitui-se em um fecundo instrumento por meio do qual Pavitra Shannkaar dialoga afetuosa e generosamente comigo, contigo, com todos e todas nós.

Ao longo de sua tessitura, o autor compõe um suave enredo ao tratar, profundamente, em dois atos, sobre a ética. Por ser um terapeuta da alma trafega com leveza pelos remotos recôncavos do sentir humano. Como gestante protagonista do Ungambikkula, levita por entre as metáforas e dá forma a suas narrativas que parecem saltar de suas mãos com tamanha espontaneidade e afeição, como se fora um ourives. As palavras lhe saem como água que brota da fonte límpida, translúcida e viva. Sua veia de ator e cantor conduz a estrutura textual de tal modo a prender o leitor e a leitora que passam a participar e a interagir com suas cenas e estribilhos, num ritmo cadenciado pela emoção.

Pavitra versa sobre a sua percepção da ética como pedra fundamental da existência humana e apresenta a Saga da Consciência construída por experiências reais, simbólicas e imaginárias. Livre de qualquer pudor, tangencia as mazelas humanas, ao admitir que "o mal não é fruto da ignorância. Ele é uma energia muito específica: é fruto da covardia".

Nosso mestre enaltece os supostamente subalternos ao considerar que "a vulnerabilidade não é uma fraqueza. Ela é uma virtude". Segundo ele, "só assim somos fecundados e a criatividade se faz. Ela é para poucos. Para os que têm coragem".

Esse tratado sobre ética encoraja-nos a viver nossa singularidade, embora isto possa significar feroz ameaça ao instinto grupal forjado no âmbito das diversas sociedades. Analogamente, ressalta nossa capacidade de nos metamorfosearmos continuamente, ao considerar o inacabamento e a incompletude do ser, como principal característica da humanidade. Estamos, pois, em construção permanentemente, sujeitos a sermos afetados pelas circunstâncias de nossa existência.

Essa publicação convida-nos a valorizar a imanência da vida como um eterno devir.

Obrigada, Pavitra, por compartilhar tantos saberes, afectos e perceptos, com a simplicidade própria de quem se doa incondicionalmente!

Martinha Clarete Dutra dos Santos
Membro suplente do Fórum Nacional de Educação (FNE) pela Secretaria de Educação Continuada, Alfabetização, Diversidade e Inclusão (SECADI/MEC), Especialista em Educação Especial (UNIFIL) e em Administração, Supervisão e Orientação Educacional (UNOPAR), Mestre em Educação pela Universidade Cidade de São Paulo.

Um guia de sobrevivência para quem quiser se aventurar na floresta escura do autoconhecimento, a obra é a antítese da proposta do "livro de autoajuda". Ao contrário da literatura fácil de promoção do sucesso pessoal, o texto reforça a ideia de que a evolução individual depende de um esforço próprio de transformação da coletividade, cujo ponto de partida é uma imersão profunda no mesmo "eu" que às vezes, sem crítica ou julgamento de valor, também se alimenta do egoísmo, da violência e da raiva. Portanto, a obra não pretende, como tantas outras, te levar ao "Sucesso nos Negócios", tão pouco vai te ajudar a descobrir "Como Memorizar Tudo". Você não vai aprender "Técnicas para evitar a procrastinação", muito menos "Como Explorar o Seu Magnetismo Pessoal". Mas, em contrapartida, ao final da leitura, você pode ter que encarar uma transformação radical na sua percepção da realidade, capaz de te alertar quando estiver correndo "freneticamente para longe de si".

O texto revela um autor iluminado por reflexões e espiritualidade. Embasado numa minuciosa pesquisa bibliográfica, o livro tem também uma preocupação com valores do método científico, trazendo conceitos inspiradores como o do "autoinvestigador". Não seria uma perspectiva interessante poder saber mais sobre a natureza humana utilizando a própria mente como laboratório? Trata-se de perspectiva convidativa para qualquer cientista, mesmo que neste experimento a interferência do observador seja um desafio. Afinal, a parte mais instigante da ciência não é repetir um resultado que todos conhecem, mas observar algo novo que escapa ao modelo vigente e, depois, conseguir formalizá-lo e compreendê-lo.

Com um vasto repertório de reflexões e propostas de imersão, Pavitra oferece uma grande quantidade de oportunidades para "tropeçar" em algo novo. Algo que você talvez até já tenha sentido, mas ainda não teve oportunidade de tomar consciência. Mas o texto não se deixa sequestrar pelo mundo limitado da ciência. Ao contrário, reforça a compreensão de que não é só através da ciência que o mundo real pode ser compreendido. Aliás, como pincelado nos traços impressionistas do texto, esta parece ser uma tarefa mais própria ao universo da arte. É um texto oportuno neste momento da humanidade: faz sentir, refletir e tomar consciência. Com isso, contribui para a transformação do atual estado das coisas neste mundo. Desejo ao leitor uma boa transformação!

Victor Pellegrini Mammana

Diretor do Centro de Tecnologia da Informação Renato Archer (CTI). Bacharel, mestre e doutor em Física pela Universidade de São Paulo (USP), foi pesquisador no Lawrence Berkeley Laboratory (2000), Califórnia/EUA e trabalhou como pesquisador no International Technology Center, Carolina do Norte/EUA.

Encantador esse jardim!!! Pavitra tem um pendor didático que cria um envolvimento profundo durante toda leitura deste rico livro. Traduz com veemência que onde quer que estejamos somos sempre parte de algo maior. O todo está contido em cada uma de nossas ações, assim, tenhamos ou não consciência de nossos atos, eles influenciam constantemente nossos resultados.

Uma vez que a impossibilidade de perceber implica na impossibilidade de agir, nos convida a ampliar percepções e desenvolver consciência de si mesmo e da relação com o mundo. Não aceita autocomiseração, alerta sobre os riscos da zona de conforto, revela por meio de histórias simples e mágicas que as atitudes que temos, as pessoas que encontramos, os lugares por onde andamos, a maneira como usamos o tempo, tudo isso compõe a grande sinfonia da humanidade. Propõe com suavidade um acolhimento de todos os nossos sentimentos e sensações.

O livro incentiva uma profunda reflexão que desloca a tendência humana em pensar que existe uma fórmula mágica, uma técnica esotérica, ou uma tradição oculta que vai fazer tudo funcionar. Deixa claro que atitudes criam movimentos, e que podem e devem ser aprimoradas. É uma visão robusta e ao mesmo tempo suave da coletividade e do senso ético.

Pavitra tem uma habilidade especial de perceber as sutilezas do ser humano, aqui, ele relaciona essas percepções a estudos científicos significativos e profundos. Sempre me surpreende. Eu me sinto privilegiada por desfrutar de seu convívio e de presenciar, por meio de sua voz, a sua arte de cantar! Digo a ele que eu o vejo como um grande pensador e, mais do que isso, um grande executor. Dono de criatividade e profundidade raras, traduzidas no trabalho com o grupo Ungambikkula, Pavitra sempre ousa, e, como dizia Menandro, o principal autor grego da Comédia Nova, "a divindade dá a mão à justa ousadia". Ouse sempre! Suas ousadias enriquecem o ser humano!

No livro, ele nos diz que o amor é o reconhecimento das necessidades. Obrigada por nos presentear com o exercício evolutivo proposto. É um ato de amor! O resultado desse livro será o cultivo de muitos jardins floridos com autopercepção, consciência e plenitude.

Ana Lúcia Spina
Fonoaudióloga, especialista em voz, mestre e doutora em Ciências Médicas pela Universidade Estadual de Campinas (UNICAMP).

PRÓLOGO

Eu levei muito tempo até ficar pronto para o mundo, agora eu só espero que ainda reste o suficiente para fazer a diferença. Confesso a vocês que demorei um tanto, até que definitivamente decidi escrever esse livro. Em minhas crenças, minhas buscas, sempre tive em mente a ideia de que tudo já foi dito e de que qualquer pessoa que se dispusesse a fazer um caminho de autobusca sincero, haveria de encontrar seu mapa nos registros já existentes. O motivo que me levou a fazê-lo ainda assim, foi justamente as dificuldades que tive ao entender a dinâmica entre os mitos e símbolos; creio que para os dias de hoje, a cura da percepção se encontra justamente nas passagens e atalhos entremeados entre uns e outros e, ao mesmo tempo, para muito além deles. Então, devo alertá-lo desde já, de que este não é um livro de mitos e símbolos. Na verdade, ele é um tanto precário, no que se refere às descrições das mitologias vigentes. Seu intuito volta-se para as passagens e transições da consciência ao acessá-los. Tive que priorizar o estudo dos trânsitos, em vez de descrever de forma minuciosa cada mito e símbolo aqui aduzido, pois seu volume seria inviável. Embora tenha preservado as características fundamentais dos mitos aqui citados para que vocês possam compreender as passagens, talvez deva sugerir que mantenham uma literatura de suporte, caso queiram aprofundar o conhecimento.

Posto isso, resta-me acautelar que você encontrará aqui algumas passagens espirituais. No entanto, essas não têm o foco de induzi-lo a se aventurar em uma vida religiosa, pois o objetivo desse livro é desembaraçar alguns comportamentos, eventos e percepções, enquanto a espiritualidade entra tão somente como uma percepção mais profunda, ante o propósito e os eventos da vida para referir você. Na verdade, você também vai notar que vejo espiritualidade como um movimento integrativo e religiosidade como um movimento corporativo. De forma que você perceberá no texto que às vezes usarei "vocês" ou "você" pelo mesmo motivo, referir quanto aos estados desencadeados durante a leitura.

Alguém bate à porta, fui correndo atender; era um dos nossos queridos companheiros de viagem evolutiva, meu precioso amigo e amado Ecka Sharanan, ansioso com as compras, para organizarmos as comemorações do Natal e a passagem de mais um ano coletivo. Ainda silenciosamente, observei uma graciosa borboleta que pairava à frente sobre o meu jardim, com extrema agilidade e alegria. Mas, ao observar mais atentamente, notei que o bordado em suas asas estava 70% mutilado. Porém, imediatamente pus-me a ressignificar. Carcomida de forma diferente em suas asas, uma pela parte inferior em 50%, sendo que a direita, na parte superior, quase só se podia ver um filete, mas havia sido cortada de forma que ainda pudesse cumprir o seu papel.

Ao raciocinar sobre o que ela havia passado até o dado momento e estar ali fecundando alegremente o meu jardim, fui arrebatado por um sentimento de profunda e rara beleza, pois me reportou aos tempos de minha infância. Quando, no primeiro ano de vida, ao cair do berço, fui presenteado e marcado em minha história com uma osteomielite; e consequentemente o encurtamento de uma perna não pôde ser evitado. Porém, este evento me agraciou com duas alturas, instintivamente com dois pontos de vista, dois olhares para o mundo. Muitas outras mutilações ocorreram ao longo de minha história até que eu pudesse me integrar, tal qual a pequena borboleta; e creio que a vocês também. Esse paradoxo, mutilação + propósito, dialoga constantemente com as coisas da Terra. Viver e realizar é expandir suas expressões, deixar as suas marcas, impregnações, e com elas seus pedaços até morrer... Nesse meu jardim, nesse nosso jardim, precioso rizoma que paira no universo entre as estrelas. Nossa raiz das estrelas dialoga com o todo, à forma peculiar da dualidade. Tem o poderoso dom de alquimizar o extrato, a essência, o tesouro das coisas... por vir a ser melhor. Ele, o mundo, se purifica como um todo.

O mundo transcende... o mundo depura...
o mundo machuca.

RAIZ DAS ESTRELAS...
O JARDIM QUE É MEU,
UM JARDIM QUE É NOSSO...

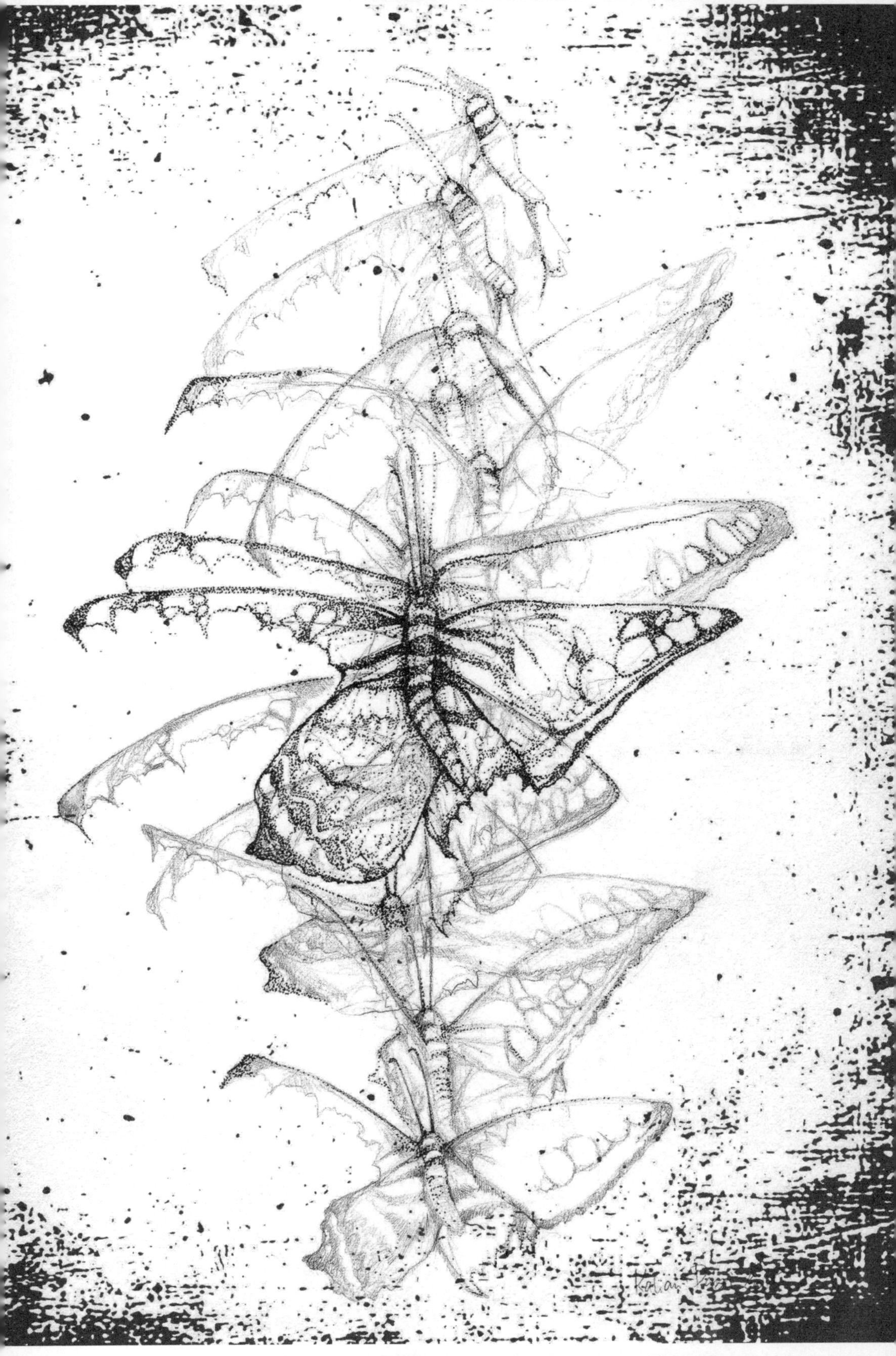

PRIMEIRA PARTE

1 PERCEPÇÃO:
A PEDRA FUNDAMENTAL DA ÉTICA

Ao baixar da internet a primeira imagem do planeta Terra, de 1972, você encontrará uma diferença gritante comparada às imagens atuais. Constatamos que parte considerável das geleiras da Terra já foram dissolvidas, dando imagem a uma bela, romântica, suave e completa esfera azul a vagar pelo espaço. Porém, quando pensamos que essa bela cor aqua-azul foi fruto de uma louca destruição desencadeada pela inadequação humana, e que ainda não encontrou freio por conta de seu frenesi de consumo, é inevitável surpreendermo-nos ruminando nossa preocupação. Esse tsunami não só de água, mas de comportamentos impensados de consequências lastimáveis que foi desencadeado abaixo dos tapetes sociais, inevitavelmente vai parar à sua porta e espero que não só então você se preocupe em fazer algo, poderá ser tarde...

Não temos o hábito de parar para pensar que somos um fenômeno muito raro, pelo menos em nosso Sistema Solar. Nosso precioso planeta azul sofre de solidão em sua semelhança, como a um sem número de anos luz na estrutura cósmica. Somos como uma singela alface plantada no deserto e, por sua fragilidade, nossa consciência precisa mudar. Até mesmo arrisco dizer, que é possível uma grande recessão ser inevitável e que já tenhamos que nos conter em nossos caprichos, depois de tanto mimo recebido de nossa mãe azul. Precisamos nos responsabilizar pela mudança.

A violência ganhou formas de conforto e nenhuma referência hoje é segura para garantir a preservação da vida. O sentimento, o afeto, que nos deixavam em paz quando expressávamos o cuidado ao nosso redor, hoje não é mais suficiente. Todos nós nos deparamos com fotos, filmes, registros de destruição e usufrutos desenfreados, que turvam a nossa agonia e com ela nossas decisões. Porém, hoje, a humanidade como um todo reluta em cálida vergonha, ante seu comportamento com o nosso mundo, por esse mundo mutilado. Quando menos, isso se traduz no nosso dia a dia, num sentimento de indignação pelo que somos.

Não se iludam... O ser humano se perdeu e o planeta está enfermo. Infelizmente hoje, não valemos mais o que realmente somos. Se você tem alguma dúvida disso, experimente entrar em qualquer projeto, qualquer grupo, e observe quanto tempo levará para que volte a se sentir triste e só. Nossa cura somente poderá ser encontrada numa busca profunda e real por si mesmo, frente à própria solidão.

A ingenuidade não garante a inocência

Ela, a violência, nos faz pagar penalidades nubladas por sentimentos de consternação, como se não fôssemos merecedores de tal correção, após o mal ser instalado.

Falar sobre ética nos dias de hoje, inevitavelmente, é uma tarefa um tanto quanto amarga. As referências estabelecidas, fundamentadas nos paradigmas da sociedade moderna, foram infectadas de abusos, contaminando a nossa percepção, gerando o caos em nossas intenções.

Quando me dispus a pesquisar sobre ética, me deparei com a palavra vida. O conceito afirma categoricamente que ética é vida. Mas, ao pesquisar, não encontrei definição conclusiva sobre o que seja vida. Nas definições fisiológica, metabólica, na bioquímica ou biomolecular, na genética e na termodinâmica, as teorias são não conclusivas sobre o fenômeno.

Na *fisiologia*, a teoria não se conclui ao afirmar que comer, metabolizar, excretar, respirar, mover e reagir a estímulos definem o ser vivo; porque as máquinas também o fazem.

Na *definição metabólica*, ser vivo é um objeto finito que troca matéria continuamente com as vizinhanças, sem alterar suas propriedades gerais; porém, o termo "continuamente" não prevalece quando algumas sementes e esporos são capazes de permanecer dormentes e imutáveis por séculos e renascerem posteriormente.

A *definição bioquímica* (*biomolecular*) afirma que seres vivos contêm informação hereditária reproduzível, codificada em moléculas de ácidos nucleicos, e controlam a velocidade de reações de metabolização pelo uso de catálise com proteínas especiais chamadas de enzimas. Porém, ao existir um vírus que não contém ácido nucleico mas é capaz de se reproduzir sem a utilização deste, a definição bioquímica não convence.

Há várias formas de enunciar a segunda lei da termodinâmica. Uma delas trata do conceito de entropia (grosso modo, pode ser considerada a medida da desordem de um sistema). Assim, na *definição termodinâmica*, quanto mais desordenado for um sistema, maior será a entropia dele. Pode-se afirmar, a partir disso, que em sistemas fechados a entropia não pode diminuir ou ela permanece constante ou ela aumenta. Durante muito tempo se pensou que a vida violaria essa lei. Na vida, observamos um aumento de complexidade: moléculas orgânicas mais simples formam cadeias mais complexas. O aumento da complexidade parece indicar um aumento no ordenamento. Porém, a vida não viola a segunda lei; de fato o sistema está aberto, não fechado.

O Sol acaba mandando energia para o sistema. Com este envio de energia, o Sol está mudando localmente o sistema.

Se abandonamos uma sala por um longo período, após este intervalo de tempo observamos que ela se encontra deteriorada, cheia de pó, mofo etc. Para que haja aumento ou manutenção da ordem, a sala deve ser aberta, frequentada: alguém entra no ambiente e cuida dele, limpando-o, zelando por aquele espaço. Assim, só há aumento de ordem quando abrimos o sistema e se nele "injetarmos" energia externa. Como vimos, o planeta Terra, por exemplo, recebe energia solar, que dá manutenção à vida.

A contradição está no fato de que se, por um lado, há aumento de ordem quando abrimos o sistema, por outro, há desgaste e consumo da energia que nele foi injetada. Assim, a pessoa que limpa e organiza a sala, se cansa e envelhece; o Sol também sofre o desgaste. No caso da vida, para que se consiga formar uma longa cadeia de

DNA ou RNA há um preço: o consumo de energia do ambiente.

Na *definição genética*, um sistema vivo é aquele capaz de evolução por seleção natural. Neste caso, o principal fator se baseia na questão da hereditariedade: o código genético é transmitido para o organismo gerado. Porém, ocasionalmente, ocorrem "falhas" na repetição do código e os genes mutantes vão se reproduzir com mais facilidade do que os normais (dominantes).

Na Teoria da Evolução erroneamente se pensa com frequência em um maior ordenamento ou aumento de complexidade. O ser humano, comparado à bactéria, exigiria maior organização. Mas isso acontece pagando-se o preço da seleção natural, que é degeneração e extinção de outras espécies. Para que o homem chegasse aonde chegou, vários seres entraram em extinção. Sendo este o conflito que deu inspiração ao conceito de *sustentabilidade* e *não sustentabilidade*.

Localmente, a energia diminui, mas, se olharmos o sistema como um todo, observaremos um aumento da entropia.

Diante de todas essas teorias, me vi propenso a reconhecer que a percepção é fundamental para a existência na Terra, pois todos os seres vivos, antes de tudo, precisam perceber o que os matam e o que os nutrem e qual a parceria ideal para o acasalamento e a continuidade da própria espécie. Mas, o que eu percebo é o meu mundo e quando confluo, obrigatoriamente, partilho responsabilidades sobre as consequências.

Com o advento da percepção vertical, ao erguer a coluna, o homem se dissociou de seus próprios instintos.

Afastando-se de seus odores corporais, e com a perda parcial não só destes, como também de temperaturas e texturas que compõem a realidade horizontal, perdeu sua identidade enquanto criatura, dispersou-se de seus reflexos vitais. O homem assumiu uma postura arrogante diante da criação e, com isso, surgiu a crença de que o mundo foi criado para si; obteve poder de decisão de vida e morte para com os outros seres da Terra, sem se aperceber do que aconteceria consigo e com a própria Terra.

Hoje, nossas pesquisas somam um conglomerado catastrófico de violência humana sobre a criação. Temos uma trágica estimativa de mais de três bilhões de seres sencientes torturados e mortos por semana, para abastecer e entreter nossa caprichosa sociedade. Centenas de milhares de animais são mortos por segundo. Cada dia mais, a máquina empresarial nos afasta do sentimento de compaixão. Uma sociedade e raça mantida a esse preço, talvez deva ter sua existência questionada.

Nós temos muitos mitos e crenças sobre isso. Conquanto, o próprio centauro é um mito, um instinto, um arquétipo em nosso sistema de crenças, que representa o conflito do homem tentando abandonar sua parte animal para aproximar-se dos deuses.

Esses valores, que hoje estão enraizados em nosso sistema de crenças, grande parte tem origem religiosa[1]. O reforço de nossas crenças, acerca do domínio do homem sobre os animais da Terra, deixou-o livre para concluir que o mundo foi feito para si. Mas, um grande homem de nossa sociedade chamado Khrishnamurti afirmou sabiamente, que "nossos deuses nascem de nossos medos". Ou seja, diante de todo fenômeno com que o homem primitivo se deparou que não havia sido desencadeado por ele, denominou-o assombrosamente mágico; até mesmo alguns hoje desvendados por nós, como o

---

1 A *Bíblia Sagrada*, Livro de Gênesis, I-26.

vento, a chuva, o fogo. Porém, estes fenômenos ganharam rostos, formas, nomes, para diálogos e trocas frontais. Nasceram sim de nossos instintos, de nossas percepções, e ganharam evolução a partir de nosso conflito sensorial. De forma que o Cristo adulterado deixou de ser um mortal, em sua passagem honesta como um modelo a ser seguido, para ganhar o papel de um deus, no qual derramamos nossas vitimizações, carências e pedidos, reforçando viciosamente nossas impotências. Um Cristo que não é mais um exemplo para seguirmos, tornou-se uma sigla, um símbolo a ser admirado, idolatrado e solicitado às nossas desleixadas mazelas do dia a dia. Morre o herói e nasce um deus de misericórdia. A zona de conforto não é referencial seguro para delinear a nossa evolução.

O homem se acha especial por sua capacidade de construir estratégias com enfoque em um determinado fim. Observando no reino animal comportamento semelhante, encontramos estratégias sofisticadas que se equiparam às nossas tarefas.

Hoje temos registros de experiências científicas que comprovam isto. Embora a experiência que vou mencionar não se atenha à comprovação da estratégia em si, pois é uma experiência em nossos registros científicos sobre venenos[2] e

[2] Encontrada em *Evolve Venom - History Channel*, ver Bibliografia e Referências.

não sobre estratégias. Os cientistas Michael Adams e Chris Banks da Universidade de Riverside/EUA; Dan Riskin, da Universidade Brown/EUA e Gal Haspel, do National Institute of Health/EUA relatam claramente que a vespa joia (*Ampulex compressa*), estrategicamente, com especial velocidade, agilidade e rapidez, confunde uma barata americana (*Periplaneta americana*) em uma emboscada. Porém, tendo um veneno letal e em quantidade suficiente para aniquilar sua presa, reserva com cuidado a aplicação de uma dosagem exata, o suficiente para torná-la um zumbi. Vemos nessa experiência que o objetivo maior desse espécime não é devorá-la, mas, enquanto viva, torná-la hospedeira para sua cria, seu filhote, pois só assim seu embrião terá alimento vivo e conservado.

Por sua vez, a vespa mandarina (*Vespa mandarinia japonica*) antes de dominar e destruir uma colmeia para extrair o mel, tendo o tamanho de um polegar, consegue infiltrar-se em estratégia de rastreamento, exatamente como um agente secreto de nossos filmes, e com isso testar sua vulnerabilidade. Mas, ao retornar com uma trupe de vinte unidades, são capazes de devastar seis mil abelhas num embate.

Temos ainda a formiga de Ravoux (*Myrmoxenus ravouxi*) que, ao abandonar sua rainha, fingindo-se esta de morta ao relento, zela por seu foco de escravizar outro formigueiro, que ingenuamente acolhe o falso cadáver. Pois esta, a rainha, uma vez dentro do formigueiro predado, mata a rainha daquele, põe os seus próprios ovos e cultiva os embriões do formigueiro invadido, a fim de escravizá-los. Estas, por sua vez, são escravizadoras.

Em minha busca por comportamentos estrategistas no reino animal, fiz questão de focalizar os comportamentos dos insetos. Pois estes, em nosso sistema de crenças, são supostamente muito distantes do comportamento humano. Mas, quando observamos, no vagalume Photuris (*Photuris pennsylvanica*), suas fêmeas imitarem os códigos faiscantes de outra espécie à guisa de atrair um macho específico, porém alheio ao seu, ficamos boquiabertos ao depararmo-nos com um assassinato cruel. Ele, por sua vez, ingenuamente, trouxe consigo em seu corpo uma substância que a protege de seu próprio predador. Isso nos lembra algumas de nossas estratégias de guerra.

2 CAMPOS MÓRFICOS E RESSONÂNCIA

Mas as novas vertentes da ciência também apontam para o biólogo inglês Rupert Sheldrake e sua teoria dos campos mórficos e morfogenéticos.

Há um episódio sobre macacos que dá suporte à teoria, nas ilhas da costa japonesa. Cientistas observaram que ao lavar uma batata doce, antes suja de cascalho e areia, um espécime de macaco alterou todo o comportamento de seus companheiros e por ressonância em toda sua raça. Mesmo sem contato algum, a quilômetros de distância, em outra ilha, observou-se o comportamento já instalado.

Essa estória em si provocou um grande impacto de inspiração sobre nossas percepções. Os registros científicos, que comprovaram ressonância por repetições e mudanças de comportamento, sem contato sensorial imediato, foram um grande choque para os nossos preconceitos. Ela é um forte registro da sustentação mórfica, sinalizando que o surgimento de uma forma em nossas vidas pode vir a ser oriunda de um universo distante. Mas vejamos aqui alguns exemplos de ressonância mórfica.

Primeira história

Quando estava por completar 17 anos, envolvi-me com um grupo de estudos teatrais e musicais, à guisa de ampliar meus talentos e amigos. Querendo desta vez me especializar em algo, resolvi adquirir uma craviola e com ela despontar um pouco mais com minha arte. Sendo assim, fizemos então um acordo entre amigos, de realizar um show, angariar fundos para comprar meu instrumento e algo importante para eles também. A parte que me coube foi justamente a de sustentar e manter a atração com boa qualidade, com minhas músicas, canto e violão. Como eu me encontrava bastante confiante, assim o fiz.

Vitoriosamente, o show foi um sucesso. Mas ao conversarmos sobre a renda, três deles me deram a triste notícia de que todo nosso esforço só daria para pagar as despesas do evento. A casa estava surpreendentemente lotada e as pessoas haviam consumido muito, de forma que, não sabendo lidar com a traição, desabei a chorar sem conseguir falar, dando margens a interpretarem meu choro como quisessem.

É claro que assim o fizeram e apareceram no dia seguinte em posse de um *jeep*. Porém, na noite anterior após o show, meu amigo Amaury, que comovidamente me consolara, dizia: - Não se preocupe com isso, eu vi o que aconteceu. - Pode deixar, eu vou lhe dar a craviola. Embora estivesse bastante envolvido por seu reconforto, não pude realmente acreditar e o tempo passou.

Longe dessa turma e passado mais de um ano, eu voltava da praia descalço, sem camisa e a pé, deparei-me ao entrar em casa com a seguinte situação. Minha irmã abriu a porta e me disse:

- O Amaury esteve aqui e deixou isso; ele disse que você sabe o que é. E lá estava a craviola. Linda, reavivando todos os meus sonhos de realizações novamente. A partir daquele dia, meu mundo acabara de ganhar nova cor. Levei um tempo para aceitar que seria real, mas mesmo assim, peguei meu instrumento e saí pro mundo.

Segunda história

Muitos anos passados e já em minha vida de devoto, praticava minhas devoções com um violão herdado de meu pai. Havia dessa vez largado totalmente a vida artística para me dedicar ao monastério, passei a devocionar no templo e pedir a Ganesha um sittar. - Senhor Ganesha, por favor, me dê um sittar para que eu possa devocionar com mais alegria...

Meu templo situava-se numa rua sem saída, na verdade, quase inacessível a quem não estivesse determinado a achá-lo. Vizinho de uma senhora esquizofrênica, por vezes ela subia na cadeira, punha a cabeça acima do muro, de forma engraçada, para falar sobre coisas e dávamos atenção...

Eu chegava por volta de uma e trinta da manhã de meu curso de acupuntura, e desta vez ela gritava histericamente: - Pavitraaa... Pavitraaa... Paviiiiiitraa!!!!

Meu condiscípulo disse:

- Vá ver, ou ela não nos deixará dormir... de forma que respondi: - O que foi? É tarde... amanhã falamos...

Mas ela insistia:

- Corre aqui, sua cítara chegou!!! (Referindo-se ao meu sittar). Imediatamente pus-me a refletir... que coisa! Como essas pessoas captam coisas do oculto, do inconsciente, do espiritual... Como ela poderia saber que eu orei e fiz meu pedido? Como captou meu profundo anseio?

Já me preparando para dormir, àquela altura, a engraçada vizinha, contudo, estava disposta e determinada a me mobilizar a ter-me com ela... prosseguia: - Vem ver... vem ver... sua cítara está aqui... ela é linda!

Assim compreendi o que acontecia... ou eu iria, ou não dormiríamos... de forma que me aprontei e fui acalmá-la.

Mas, chegando lá, o sittar estava realmente de pé, apoiado na parede, me aguardando, como a craviola no passado. Pasmo com o evento, fiquei um tempo em silêncio, boquiaberto, tentando entender se aquilo era de fato um milagre, ou se ela havia coincidentemente cometido uma loucura e perguntei: - O que é isso? O que aconteceu aqui? Ao que ela me respondeu: - Sua cítara, ela chegou, ela é linda, abre o *case* pra ver...

- Mas quem trouxe? Onde você a encontrou?

- O monge indiano, ele esteve aqui... você não estava e ele deixou aqui em casa pra eu te entregar...

Passaram-se quatro meses e eu tive que me virar com minhas dúvidas, meu enigma, pois o tal monge até então não havia dado sequer o ar da graça para me acalmar.

Seguindo os passos de Gandhi, às quartas-feiras fazíamos silêncio e jejum, não atendíamos a porta, telefone, ou mesmo falávamos entre nós; quando a aldraba bateu insistentemente à porta. Quase irritado, pois até o carteiro havia sido previamente avisado de nosso *sadhana*, fui atender e uma voz peculiarmente carregada pronunciou: - Sr Póvitrraáh!!! Não pude deixar de me emocionar. Um jovem monge indiano estava realmente à minha porta, com olhar sorridente, envergando dote[3] açafrão. Bom!!! Entramos. Ele não falava português e eu não falava inglês. Ele era *shivahita* como nós. Lanchamos, devocionamos, meditamos e através de micagens ficamos sabendo que ele viajou de ônibus com o sittar no colo, andou a pé pela cidade perguntando até nos encontrar e nos despedimos sem saber sequer a ponte que nos uniu, nem a pessoa que falou de nós para ele.

Nunca mais nos vimos... Sou grato eternamente a Sri Ganesha e ao misterioso monge por esse encontro milagroso!!!

---

[3] Dote é a roupa habitual dos monges hinduístas.

Tenho aqui duas curiosas histórias que representam as manifestações do campo mórfico em nossas vidas. De tempos em tempos, ele também se manifesta como espectro de semelhanças, fazendo voltarem, ou parecerem, os fatos, pessoas, situações, sensações e sentimentos, não como *dejà vu*, mas com algum suporte real para a percepção. É claro que quando lembro essas histórias, até hoje, não consigo ver nenhuma delas sem considerar a existência de uma estrutura, de um milagre, a beleza, um cuidado maior. Onde há milagres, a expressão da totalidade configurando os acontecimentos, sempre há pessoas envolvidas, convidadas a evoluir seus comportamentos. Busque e observe como se deu em sua vida, você também vai encontrar.

No entanto, além disso, ainda vemos que dentro da relação criador/criatura, na criação, na sustentação, na ressonância mórfica e anímica da vida, você pode ser a pessoa mais indecente da face da Terra e ainda assim sair ileso da represália final. Pois, enquanto manifestação primordial, as emanações basais foram todas criadas dentro de padrões de comportamentos instintivos. Primitivos e grotescos, viemos todos da selva. Suas formas não correspondem aos padrões de comportamentos da sociedade moderna. Muitos de nossos valores nem mesmo se encaixam no ecossistema planetário. Do ponto de vista ético, o comportamento cruel (cru) é normal (norma) e nada tem a ver com os padrões de comportamentos criados pelas crenças de nossa sociedade, inspirados por nossas redes de televisão. Essa fé, encharcada por sentimentos de injustiça, ao invocar por um deus que seja probo em ressarcir nossas vinganças tardias, é de pouca valia no que concerne a uma reparação do nosso caos. Ela, a crueldade perante a subsistência, também está diretamente ligada à expressão ética da criação. Na verdade, passamos habitualmente pelo menos meia hora por dia queixando-nos dos nossos comportamentos e suas irreparáveis consequências, que assolam a qualidade de vida.

A honra é construída com a superação dos vícios

Até mesmo palavras como: pecado (do grego *hamartía*, oriundo do verbo *hamartáno*, que significa 'errar o alvo', do grego 'erro', 'falta', 'culpa', 'ato injusto' e na tradição judaico-cristã, 'pecado'); castigo (do latim *castus* + *igo*, significa mais do que puro, purificador, *castus* + *ago*, lit. agir, corrigindo, para tornar casto, limpo, puro; daí, 'castigar', 'punir', 'repreender', 'reprovar' etc); culpa (tem origem anglo-saxônica, significa dívida, brilho superficial; do latim, com parentesco com a raiz da palavra *scelus* 'crime'; cf. sânscr. *Skhal-* 'errar'; daí os sentidos: 'crime', 'falta', 'falha', 'defeito', 'culpa', 'delito'; designa o estado daquele que é digno de punição ou atos passíveis de punição); perdão (do latim medieval *perdonare; per* = 'completamente', 'de todo' e *donare* = 'doar', ou seja, 'doar por inteiro').

Estas palavras perdem o verdadeiro sentido quando, em nosso costumeiro assombro social, as carregamos com nossas tendências viciosas, emoções inexplicáveis, que hoje confundem mais a nossa assimilação de mundo.

ENTÃO, POR QUE COMPENSA EVOLUIR?

As faixas de consciência

Ao perdermos envolvimentos de valores arcaicos para novos conceitos que se desdobram em atitudes mais solucionadoras, podemos estabelecer sistemas de trocas mais saudáveis. Isso se deve às faixas de consciência e expressão. Cada qual tende a se relacionar com seus costumeiros parceiros de percepções. O que eu percebo é o meu mundo e é nele que vou definir e estabelecer minhas trocas. O criminoso, com o crime e a polícia; o artista, com sua arte, seus fãs e empresários; o militar, com seus quartéis, suas armas e disciplinas; assim por diante.

Mas, quando pretendemos pertencer a uma faixa de comportamentos, recursos e relações mais favoráveis, temos uma austera busca a realizar. Esta exige esforço emocional, psíquico, físico, sensorial e espiritual em treinamento. O projeto de uma nova faixa, uma nova vida, até que nos sirva de cabedal para a escalada, precisa ser perseverantemente sustentado. Há de se estabelecer num fluxo contínuo. Ele há de encontrar o seu tônus no esforço comportamental, pois é preciso fazer síntese proteica e só então se estabelecem as novas sinapses.

Com isso ouso afirmar:

Você é 100% responsável por sua parcela de percepção, ou correrá o risco de perder recursos em sua autoconstrução, automanutenção, evolução.

Se meu mundo é o que percebo, ao perder contato e cuidados com coisas que me servem num determinado momento, por não serem de minha posse, talvez eu possa estar desarranjando minhas próprias sinapses, recursos cognitivos da nova vida em construção. A verdade não é privilégio de poucos, ela é a base de nossa existência, está disponível para todos. Abrir mão de sua parcela de percepção é abrir mão de si. Nossa busca pela evolução também faz parte da ressonância mórfica, tem sustentação em outras sociedades e acontece no *Éthos* também.

O comportamento do herói

A vulnerabilidade não é uma fraqueza.
Ela é uma virtude. Só assim somos
fecundados e a criatividade se faz.
Ela é para poucos. Para os que
têm coragem.

Vemos, em outra experiência, os cientistas Donald H. Owings e Richard G. Coss (da Universidade Davis da Califórnia/EUA), juntos com James Biardi (da Universidade Fairfield/EUA) aprisionarem pela cauda uma serpente com poderosa peçonha, a mundialmente conhecida cascavel. O experimento se deu na Califórnia, numa região de muitos esquilos. Nele observamos que os esquilos, um por vez, passam a provocar o perigo e estimular a agressividade dela, para com isso receberem suas respectivas dosagens de "vacina". Hoje, o esquilo da Califórnia não morre por picada de cascavel - a cada ano que passa, seu veneno se torna mais letal e a resistência do esquilo cada vez mais eficiente. Quando observamos a luta pela sobrevivência e o confronto entre os dois espécimes *in natura*, o esquilo permanece digno, íntegro: morde e morde tantas vezes mais sua inimiga, sem se importar em ser picado. Pois sua garantia foi previamente organizada.

3 ETHOS

O *Ethos* sacrifica o indivíduo em função do coletivo, mas, quando gritam das profundezas do ser humano as necessidades de sobrevivência, emergem seus padrões instintivos em desconexão e passam a quebrar os acordos estabelecidos pelo *Ethos*, até mesmo os do próprio homem. Porém, ao retomar a consciência, após agir impulsivamente, surpreende-se com seus resultados. Estes estão comprometidos com a ampliação de prazer pelo poder que o homem adquiriu; mas, em seu comportamento antiético, sacrificou o todo em função do indivíduo, deixando um rastro devastador. O homem precisa reconhecer e se entender com seus instintos, seus reflexos; reconectá-los, domá-los e passar a construir em uma só direção.

Fred Hoyle (1915-2001)

Um dos mais importantes cientistas do século XX afirma que a Teoria de Darwin estava errada, pois ela não explica a questão crucial das variações entre as espécies.

Fred Hoyle, astrônomo inglês, esteve envolvido em três grandes teorias.

Sua Teoria do Estado Estacionário defende a hipótese de que o universo não tem começo e não terá fim. E permanecerá constantemente expandindo-se em sua produção de matéria. Contesta com essa afirmação a grande teoria do Big Bang. Enquanto sua Teoria de Nucleossíntese Estelar afirma que a maioria dos elementos mais pesados que o hidrogênio no universo é criada ou sintetizada nas estrelas, quando esses núcleos leves se fundem para criar os núcleos mais pesados. "Somos formados de restos de estrelas que já existiram", diz ele. Foi, ainda, grande defensor da Panspermia, teoria segundo a qual a vida teria chegado à Terra em formas bem primitivas, como que semeadas do espaço. Essa teoria se baseia na ideia de que a vida foi trazida à Terra do espaço em meteoritos como formas de vidas primárias.

Sou um grande admirador desse cientista, por sua sensibilidade e delicadeza. Fred Hoyle ficou impressionado com a frase de Einstein: "Deus pode ser sutil, mas não é malicioso" (má licitação), pois a compreendeu como uma conclusão apropriada da filosofia científica. Descongelando, com isso, certos paradigmas da ciência moderna.

Hoyle afirmava que a religião formal é um preconceito de três mil anos e que, se as pessoas não se afastarem desse preconceito e do pensamento científico desprovido de espiritualidade, outro planeta terá falhado. Disse:

> "Chegamos ao estágio onde podemos nos destruir uma centena de vezes em meia hora e esta é uma possibilidade bastante cruel" (citado *in* HOYLE *apud* LARSSON, Martinus, p. 34)

Enquanto grande parte de nossas crenças são formuladas em nossos tumultos afetivos.

> "A não ser que as pessoas sejam selecionadas, não acho que ainda haja muito tempo. Embora muitas das coisas que eu disse não sejam favoráveis à religião em detalhes, estas coisas de instinto religioso, santidade da verdade e assim por diante são sinais que evitarão a autodestruição." (citado *in* HOYLE *apud* LARSSON, Martinus, p. 34)

O renomado zoólogo Alister Hardy, comentando a frase acima, diz:

> "Sinto-me intelectualmente envergonhado com a atitude acadêmica moderna em relação ao que se poderia chamar de estudo da natureza da vida. A característica mais importante dos seres vivos é a natureza da consciência. Atualmente, ela é amplamente ignorada, pois as pessoas não conseguem encontrar um método de investigá-la; mas não pode haver dúvida de que ela está lá e não está apenas confinada ao homem." (citado *in* HARDY *apud* LARSSON, Martinus, p. XIV)

Hoyle também afirmou que "existe uma inteligência guia construindo uma base para a existência." Ele acredita

> "que essa inteligência no universo está tentando lidar com alguma coisa, mas não fornece soluções perfeitas. Talvez sejamos um pequeno reflexo da inteligência que nos produziu. Ele sugere que sejamos os representantes locais de uma inteligência maior." (LARSEN e KUMAR, Ravindra, p. 80)

O homem busca apossar-se da
eternidade. Porém a Terra não
comporta a eternidade do homem...
Ela é um planeta cíclico.

É preciso também encontrar um outro paradigma sobre morte. Se todos vivêssemos trezentos anos que seja, o *Ethos* se haveria esgotado. Ele, o homem, sempre chega mudando, alterando. Essa é a nossa natureza mal resignificada.

4 O QUE NÓS DA COOPERATIVA CULTURAL E ARTÍSTICA UNGAMBIKKULA FAZEMOS COM ISSO?

Somos uma cooperativa cultural e contribuímos para a evolução da consciência humana, cultivando e difundindo a sacralidade de/para todos os povos do mundo. Alimentamos com isso a elevação dos instintos para faixas mais sutis de expressões e trocas.

Acreditamos que a Arte é um instinto muito antigo, evolutivo, pois caminha lado a lado com o cuidado.

1. Se você deseja mudar o mundo, evolua seu instinto.
2. A melhor forma de evoluir o seu instinto é o bom uso da arte.
3. Não intelectualize demais a sua arte, ela precisa do seu coração.
4. Uma criação artística excessivamente intelectualizada pode estar sofrendo abuso mental

Toda vez que aventuramos numa imersão artística, saímos modificados para melhor. A Arte é uma ferramenta poderosa na forja, lapidação e sutilização de nossos instintos primitivos; e pode ser feita até mesmo com lixo. Nós o fazemos através da imagem e do som, da música, da fala, da escrita, em todas as suas formas de expressão. Vejamos aqui:

Soppeku Ame[4]

(Mudanças Acontecem, em wolof[5])

"Todos nós temos um sonho.
Tínhamos certeza de que faríamos diferente.
Nos surpreendemos fazendo exatamente igual.
Mas as mudanças ocorrem ainda assim,
Misteriosamente, fora do nosso controle."

Ñu ñépp gent lañu
Wóor nanu ne dinanu ko def ñeneen
Waay def nañu ko ni ñu defe
Mbir mi doy na war ndaxte soppeku dina am te
xamuñu naka lay ame.

(Pavitra Shannkaar)

[4] Sexta música do CD "Chão Nosso" - Ungambikkula.

[5] Idioma senegalês. Transliteração.

> "O sagrado não é um atributo religioso, mas uma dimensão poderosa da percepção, uma experiência de pico e algumas vezes acontece nos encontros místicos."
> (ELKINS, David, *Além da Religião*)

Hoje, é mister que a busca pela sacralidade parta do reconhecimento de um mundo vivo. A vida hoje encontrada, nos animais, nas plantas, nas árvores, nos afetos e companheiros afins. O relógio biológico há de fornecer impressões suficientes para as experiências de pico. Precisamos de um Deus vital forte o suficiente que nos faça perceber que respiramos em uníssono, longe da falácia consumista/comercial. Só assim poderemos ver, do ente, ressurgir algo que se aproxime em parecença com a irmandade. O ágape tão esmerado precisa ser realmente algo que justifique nossa confluência, caso contrário todo o esforço estará perdido.

SEGUNDA PARTE

5 A SAGA DA CONSCIÊNCIA

A saga da consciência é oriunda de um lugar, onde a percepção conhecia tão somente um *mix* de sensações, emoções e sentimentos a se desdobrar em impulsos que resultavam em sobrevivência.

O instinto é a base da consciência. Atrevo-me a dizer que estímulo x resposta tem a função de tracionar e ancorar a percepção para o fenômeno da vida, da existência. Sob esses matizes escrevemos a nossa história. Providenciamos uma linguagem e passo a passo decodificamos cada detalhe de nossas inundações, emprestamos valores que deram contorno ao nosso pandemônio, à percepção aberta, sem fronteira...

A vida subentende automaticamente que você já se comprometeu com o que você percebe.

Caso você se negue a reconhecer seus eventos, seu senso de realidade estará perspicuamente ameaçado. Sua realidade correrá grande risco de entrar em entropia.

Quem tiver olhos, ouvidos, nariz, boca e pele para perceber que os perceba: os sonhos, as sensações, os sentimentos e as emoções do universo interno.

Essa preciosa fronteira que separa o dentro e o fora de todo ser vivo e que só em nós insistimos em chamar de ego, ainda carece de atenção. Esse filho mais novo dentro do homem ficou com o árduo trabalho de desembaraçar o mundo criado, através da razão.

Nosso mundo não é mais literal; na verdade, há muito o deixou de ser. Todas as coisas à sua volta perderam a integridade de suas existências. Ganharam o pesado véu das interpretações simbólicas para justificar o que sentimos, no meio desse caos da nossa sociedade doida varrida.

De forma que uma flor, uma pedra, um peixe, ou o sol, foram rebaixados e aprisionados sob os matizes de nossas carências.

Tudo hoje em dia passa a preparar e aguardar um momento certo, no qual estaremos no auge do gozo, a metabolizar nossas carências afetivas.

Catártico em seu *samsara*, o homem corre freneticamente para longe de si. Cansado e iludido, ele compra e prepara o momento perfeito em que possa sentir-se tocado, acariciado, visto, e consequentemente vivo.

Voltar para trás e tentar atravessar essa fronteira a caminho de dentro, é correr o risco de encarar a rejeição. Sua atitude pode ser tomada por arrogância, ao tentar desprezar o rito de consumo à sua frente. Ser diferente ameaça o instinto grupal e isso pode ser interpretado como algo próprio "daquele que se voltou contra os seus".

Porém, esse instinto, essa poderosa bússola que nos leva de volta ao caminho da autorregulação... tal bússola na coletividade está quebrada.

Gosto de pensar e reforçar que vale a pena arriscar, voltar para dentro e para casa... Estar consigo, é encontrar sua singularidade.

6 A DANÇA DO MUNDO...

Hoje, uma incomensurável gama de símbolos cataloga nossas experiências. Esse *mix* conturbado, acima lembrado, que primordialmente intuíamos como permissão e não-permissão da vida, foi a base para o sim e o não; ganhou nomes como "amor" e "medo"; e entre estas duas estações construímos os trilhos que nos levam ao autoconhecimento. Sendo assim, uma raiva não é mais só uma raiva, ela ganha cores vivas se passamos a considerar nuances como irritabilidade, ira, fúria, inveja, despeito, ciúmes, impaciência, ódio etc. Porém, quando me refiro à palavra "*transtorno*", este *cíngulo* que descreve *o retorno do transe*, ou *o transe que retorna*, nesse aturdimento percebo a raiva contida. Ela é permeada de medo e podemos concluir que a raiva *tem origem* no medo, assim, o transtorno é um cíngulo de revisão de valores que irá permear minhas atitudes futuras.

Curiosamente, *o giro do cíngulo*[6] ocorre numa região do cérebro chamada *hipocampo*, cujo nome é igual ao dos cavalos marinhos, condução do deus *Poseidon*, aquele das profundezas dos oceanos que em nossa psique representam as emoções profundas.

Costumo ter esse foco ao questionar as bases do nosso amor. Não temos o hábito de pensar no amor como instinto; mas essa força primordial que nos move pode levar à loucura, quando agregada a valores nefastos, não éticos.

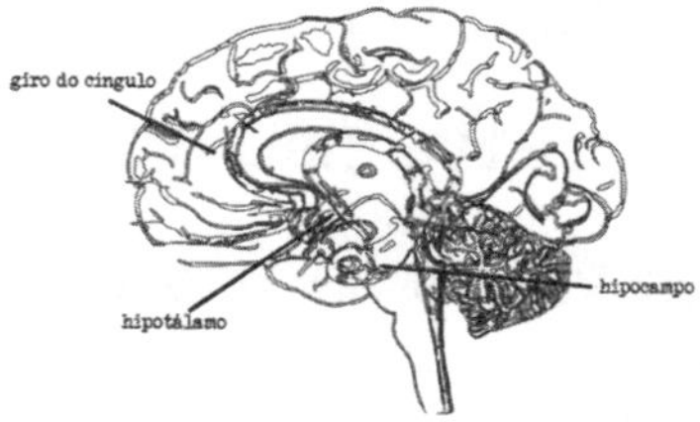

---

6 "Atravessando longitudinalmente os aspectos profundos e centrais dos lobos frontais está o giro do cíngulo. É a parte do cérebro que permite que você mude de atenção de uma coisa para outra, mude de uma ideia para a outra, veja as diversas opções da vida. Sentimentos de segurança e estabilidade também são atribuídos a essa parte do cérebro. Na minha experiência a expressão que melhor se liga a essa parte do cérebro é flexibilidade cognitiva." (AMEN, Daniel G., *Transforme seu cérebro, transforme sua vida*, p. 160).

Estava eu um dia, diante de um autoinvestigador, ajudando-o a conquistar uma específica percepção sobre o ágape, o amor elevado, quando de repente acessei a força de um poderoso arquétipo divino, o Oxumaré, a serpente, o Arco-íris, aquele que reorganiza as cores. Uma imagem contundente feriu-me a memória ao visionar uma cobra diante de um rato. Este, em sua aflição, tentava desesperadamente debater-se e libertar-se daquele transe maldito, ante a possibilidade de virar um alimento; contudo, paralisado em seus reflexos. Inesperadamente, aprumou-se em mim uma extensa linha de raciocínio. Este, o amor, é o motivo dessa paralização, o pânico de sua presa. O estado de amor expandido, a confusão entre o amor e a morte. Porém, aquele amor incomensurável há de alimentar o terrível vilão, a serpente. Amar aquilo que o alimenta é a nossa porneia, o amor de uma criança bebê por sua mãe, em nosso cérebro réptil; e note-se que porneia dá origem à palavra pornografia.

Ainda mais tarde, ao admirar na natureza o comportamento de uma águia, pude observar o transe expandido. Com o campo energético ampliado grandiosamente diante de seu alimento, ao abrir de forma dramática as suas asas, a águia emitiu seu terrível guinchado e atacou de forma direta e precisa as vísceras (onde se encontra a maior fonte de energia, a usina energética daquele corpo); e deu-se então o delicioso banquete.

Cleve Backster, um especialista em detector de mentiras, em 1966 iniciou uma pesquisa sobre as plantas, usando o detector para comprovar a sensibilidade dos vegetais. Através de um *galvanômetro*, descobriu que as plantas não só apresentavam reações muito semelhantes aos humanos e animais, como também, um sistema sensorial avançado com capacidades desconhecidas. Aplicando numa *dracena* o aparelho, os eletrodos foram colocados em cada lado das folhas, nas quais foi detectada uma sensação de alívio quando a planta recebeu uma dosagem de água pura. Mas em outra instância da experiência, ao pegar um fósforo, o detector registrou uma emoção semelhante ao terror. Com a aproximação de objetos, toques, contato com água, as plantas mudavam de comportamento, emitindo sons, alguns até semelhantes a gritos, e chegavam até mesmo a serem levadas ao desmaio.

Noutra experiência, o físico alemão Ralf Gaebler criou uma máquina que converte o gás etileno, usado na agricultura, no amadurecimento dos frutos, em sons. Ralf chegou à conclusão de que as plantas gritam ao serem maltratadas. O dispositivo converteu o gás em grito quando ele cortou uma orquídea, isso voltou a ocorrer quando injetou mofo em um pepino. Dessa forma, registrou também e concluiu que os frutos colhidos continuam a gritar ao sofrerem agressões (no livro *A vida secreta das plantas*).

Hoje, apesar de Backster ter sido contestado e refutado por alguns, os cientistas descobriram que as plantas atuam como se tivessem linguagem própria, emitem sinais elétricos vegetais, com pulsos que seguem por longas distâncias entre suas membranas; assim sendo, como um rudimento das sinapses animais. Possuem visão, audição, defesa, cognição e capacidade de fazer escolhas. Os vegetais manipulam os insetos e os deixam sem alternativas para buscar alimentos, afirma o pesquisador Martin Heil, eles os viciam e fazem das formigas verdadeiras formas de defesas.

Essas evidências vêm sendo comprovadas em diversos países do mundo. Nas Universidades da Califórnia e Washington, Instituto Max Planck, Universidade de Bonn, na Alemanha, Universidade de Lausanne, na Suíça, além de institutos de pesquisa no México, França, Itália e Japão. Atualmente, diversos estudos publicados em revistas científicas como *Science*, *Nature* ou *Plos One*, têm demonstrado diversas (numerosas) habilidades vegetais e ficou provado que as plantas estão longe de ser criaturas passivas. Elas sociabilizam e se comunicam por meio de compostos voláteis, avisando a presença de herbívoros potencialmente perigosos a sua natureza. O biólogo Rick Karban da Universidade da Califórnia, especialista em comunicação vegetal, afirma: "Elas passaram por uma seleção em que tiveram que lidar com os mesmos desafios que os animais e desenvolveram soluções que às vezes guardam semelhanças com as deles. As plantas reconhecem. Hoje acredita-se que as plantas dividem o mesmo espaço na escala evolutiva."

Nosso drama da criação é justamente o perene refluxo de violência, dor, sobrevivência, nutrição; amar e perder. Estar vivo é necessariamente alimentar-se de algo vivo e isso nos remete a um ciclo de violência que ainda não conseguimos parar. Infelizmente, nossa sobrevivência ainda depende de oblações. Amar é nutrir, amar é nutrir-se, só assim a vida pode perdurar. É estranhamente constrangedor observar o sistema autofágico em que estamos metidos. Permanecer vivo e nutrido faz parte de uma cadeia de violência e mortes. Estranhamente intrincada essa cadeia se torna, quando a analisamos a partir dos valores do ego e não do instinto; muito tempo já se passou e nós ainda não nos acostumamos com isso.

Aprofundando a atenção sobre o fenômeno, podemos notar que a força da vitalidade repassa e muda de corpos através da nutrição. Muitos seres foram mortos e/ou sacrificados, para que você esteja nesse momento lendo essas mensagens, essas palavras. Sua vida, seu bem-estar, se deve ao sacrifício de muitas outras. Toda a vida na Terra prossegue submissa a essa lei. Por esse motivo, é necessário a reverência aos mortos ser mantida. Entender que a morte é a contraparte da vida, de sua subsistência. Essas duas energias, vida/morte, compõem uma mesma teia. A reverência resguardada serve para preservar a intenção de sua existência. Nós já sabemos que o nosso universo é moldado por intenções. Ter como intenção de uma vida o consumo e o descaso, não poderá preencher de boa forma o próximo universo a ser coagulado. Essa fronteira entre bem e mal precisa ser revista, a relatividade precisa ser observada mais de perto. A solução para os nossos problemas, infelizmente ainda adormece com a inconsciência. Conscientizar, é mudar percepção, coisas inconscientes, ou semi-inconscientes, ainda são problemas para nós.

Do ponto de vista do ego, um ato de egoísmo; do ponto de vista do instinto, algo muito natural. Talvez tenhamos aqui, um argumento favorável às observações de Hoyle[7].

---

[7] KUMAR, Ravindra, p. 80.

Mas, essa contradição da vida interfere mais do que você pode imaginar em sua psique, quanto à sua segurança e estabilidade de existência e presença dela. Pois do ponto de vista do ego, nessa questão, prosseguiremos vilões.

O pessimismo de Schopenhauer se deve ao fato de que o universo em que vivemos não é real. Sabemos que as percepções de visão, audição, olfato, paladar e tato não correspondem à real estrutura do universo, pois o que vemos e nos serve de referência para as trocas de nossas necessidades é pertinente aos universos internos dos indivíduos. E só aqui, eu arrisco dizer que ao lidar diretamente com seus próprios sentidos, para evoluir, pode ser mais objetivo reconhecer o valor da metáfora. Temos ainda assim, uma base amorosa que nos sustenta, que nos mantém. Por isso, interpretar e resignificar podem ser a salvação para o dissecamento da violência.

Com esse intuito, sentei-me à frente de meu altar e clamei por orientação para escrever aqui. Fervorosamente pedi que não permitissem que eu escrevesse coisas errôneas e que tivesse suporte em escrever o certo. Fui dormir.

Ao levantar no dia seguinte e lidar com uma documentação junto à Receita Federal, com a alterada data de minha certidão, deparei-me com três mendigos sujos. Feridos e extremamente alcoolizados, eles estavam deitados, largados para morrer, meio retorcidos na frente do prédio e pasmei, enquanto a multidão fervilhava completamente alheia ao evento. Ainda chocado, fui direto ao caixa, à guisa de quitar a minha emergência. Já dessa vez, enviando meu estado para o inconsciente também, como todos. Mas, quando saí, fui de novo confrontado com a tal imagem e pensei: - Nós temos isso... eles estão morrendo... nem vão notar...

Aturdido com minha impotência, voltei pra casa em silêncio, desta vez com mais dificuldades de apagar tudo de minha mente, mas ainda tentando. Claro que tive uma noite angustiada, mas nela algo mágico aconteceu. Sem conseguir extrair as imagens de minha consciência, a Voz me questionava: - Qual é a sua parte? Faça a sua parte e deixe ressonar... Angustiado e inquieto, passei o dia organizando a minha parte, cuja a inspiração me levou a ajuntar em três sacolas:

- três roupas;
- três porções de comida duráveis;
- um caderno com caneta; e escrever a seguinte mensagem em letras garrafais: "VOCÊ PRECISA REAGIR... ELES NÃO SE IMPORTAM QUE VOCÊ MORRA AÍ E ASSIM..."

Mas meus ensinamentos prosseguiam na voz guia: - Essas coisas precisam ser abordadas pela humanidade de forma inteligente e coletiva, como a uma epidemia, escreva isso...

Enquanto houver dor ao lado, ela será
uma possibilidade para ti.

Ora, essa força primordial da vida é um poderoso argumento permissivo, que há de trair muitos acordos, valores até então estabelecidos em nosso meio. O amor é o reconhecimento das necessidades e contém envergaduras muito amplas perante as forças e as formas da criação. Estes matizes que permeiam o amor hoje estão catalogados em nossos valores filosóficos, como:

- Porneia, o amor de uma criança bebê por sua mãe. Sua fonte de nutrição é a fonte de seu amor e caracteriza uma relação simbiótica, uma relação de sobrecarga.

- Eros, que não se refere ao nosso termo erótico social hoje estabelecido, mas traduz-se como um amor que ganhou inteligência, um amor focado na evolução de ajuda mútua, em que o parceiro, que deu um passo à frente, estende a mão amorosa a quem vem atrás, para que não haja solidão nessa escalada.

- Philia, é quando o amor encontra uma estável amizade e esta nada tem a ver com o celibato ou sublimação da relação, mas sim, muito a ver com o companheirismo maduro e estável que caminha lado a lado sem sobrecarga de ambas as partes.

- Ágape, o amor divino, aquele que finalmente tem a capacidade de libertar, em sua habilidade de sentir o amor incomensurável por tudo que há. Não como um êxtase, uma experiência de pico, mas algo como um perene estado mitigado, apartado de carências. Longe da usual histeria contida no amor mundano, o ágape tende a realizar a paz profunda[8].

Porém, quando acessamos o amor divino, este volta a ser o amor por aquilo que nos nutre em outra oitava.

Ao observarmos alguns mitos de criação e dentre eles o de Urano e Geia, encontramos aí

---

[8] Segundo Jean-Yves Leloup estes conceitos remontam à Antiguidade Grega, a escritos de Platão. De fato, encontramos em *O Banquete*, a definição de amor físico pela beleza dos corpos, que diferencia-se e ao mesmo tempo complementa a definição de *philia*, como um tipo de amor mais nobre, entre iguais. Em Aristóteles, vê-se o tema surgir na diferenciação dos tipos de amizade, encontrada na *Ética a Nicômaco*.

imagens de violentas intervenções energéticas, que sugerem um grandioso coito divino que dá origem a seus filhos titãs. E estes, por sua vez, quase destruíram a própria criação por sua brutalidade. Não é prudente subestimar a presença do próprio Eros, o cupido, nessas intervenções de criação do mundo. Ele estava lá: Eros, o cupido, é um titã.

Estava eu desta vez a ministrar, num grupo, uma vivência terapêutica, em dado momento em que todos deveriam recolher-se silenciosamente à busca de respostas para suas necessidades pessoais. Afastei-me um pouco, dirigindo-me à varanda da casa, para que eu pudesse fazê-lo também. Havia sido uma vivência de aprofundamento em que poderiam ter sido desencadeadas experiências de pico, de estados de consciência alterada. Em minha solidão recolhida, resolvi indagar-me da seguinte forma: "E comigo? O que se passa aqui?" Gradativamente, foi se intensificando um campo energético de calor e de luz, culminando num amor incomensurável. No momento, cria eu, por onde viriam as minhas respostas; estas vieram fulminantemente. "Que bom! Já cumpri minha missão! Agora eles se encarregarão de divulgar esse trabalho. Posso então organizar a minha morte e me preparar para morrer".

Tais pensamentos sombrios não são nenhuma novidade nos estudos de nossa consciência. Podem emergir das profundezas de nosso inconsciente, com a mesma facilidade com que voltam a submergir. Porém, tendo em torno de si algo como um transtorno desagradável. Mas, quando emergem dentro de um pico de êxtase como este, eis então o amor como um *titã*. Um sentimento assim pode levantar uma certeza tamanha e passar a ser uma referência, um norte em sua vida, devido à magnitude de suas impressões, de sua manifestação, de seu estado.

Carl Jung afirmava que é preciso muita força moral ao lidar com poderio dessa natureza. Em minha experiência e pesquisa, uma passagem como essa pode ser um grande portal a se abrir para as patologias causais. O sentimento de amor aqui há de ser um grito de alerta sinalizando o tamanho dos riscos. A tendência de associarmos o amor sempre às passagens positivas é na verdade uma ingenuidade que expõe a humanidade a um alto risco de sobrevivência, comprometendo sua capacidade de adaptar-se aos desafios da vida. Nossas tendências em resumir e simplificar as impressões dos estados comprometem bastante a saúde da percepção. Na verdade, o amor, ele é selvagem e como tal carece de elucidação, reeducação. Os valores que o permeiam em nossas passagens são de suma importância, ao emprestarem contorno à sua manifestação.

Mas há também o amor que nasce através do limite (no caso, *reconheço, portanto amo*). Limite vale tanto quanto reconhecer, ou seja, voltar a conhecer o que ali está. Em outra passagem dos mitos greco-romanos, vemos Cronos castrando seu pai Urano, cujo pênis, na queda, esparge no mar esperma com abundante espuma alquímica, e dá origem à deusa do amor *Afrodite*.

Noutra passagem, no mito inuit, *Sedna* tem seus dedos e braços cortados por seu próprio pai. Seu corpo jaz para as profundezas do oceano, e então seu sangue torna a gerar a vida na Terra. Ainda assim, quando nos referimos à deusa *Kali*, uma terrífica versão da mãe divina com a língua exposta e empunhando sua foice de guerra, em plena batalha contra os demônios, sobre a presença do deus *Shiva* deitado a seus pés, a deusa pôde reconhecer nele o ser amado e com isso morder sua própria língua para conter o impulso destruidor. Ela, a deusa *Kali* não é a deusa da morte, mas é a representação na cultura hinduísta, da vitória do bem sobre o mal.

Os sentimentos de consternação, que acompanham estes mitos, inclinam às passagens reparatórias quanto ao abuso de referencial que estendeu-se em demasia, gerando brutalidade ao ao seu redor. A violência de seus paradoxos vai de encontro a uma violência perene, cujo comportamento mórbido instalou-se como tradição. As intervenções dessas lâminas manifestam-se ainda assim, não como rombuda brutalidade, mas com delicada precisão. Estes cortes precisos apontam para sua validade enquanto postura ética: o respeito.

Temos preguiça de alinhar o conceito de que:

Existem coisas prazerosas que nos fazem bem.
Existem coisas prazerosas que nos fazem mal.
Existem coisas desprazerosas que nos fazem bem.
Existem coisas desprazerosas que nos fazem mal.

Porém, estes valores devem estar a serviço da vida. Um deslize aqui eventualmente se conclui em brutalidade, morbidez.

Imagine que você nesse momento segura uma lança, até que sua ponta foque um alvo. Agora imagine que suas mãos e braços cansaram e você os adaptou para o seu conforto; em seguida veja onde foi parar a ponta da lança que até então apontava para o alvo. Essa é uma questão bastante conflitante para nós. Mudar as bases de um objetivo em função de uma adaptação às suas necessidades biológicas pode interferir drasticamente no alvo a ser alcançado. Esse esforço de adaptação está intrinsecamente ligado ao nosso exercício evolutivo. Um tanto de *stress* faz parte do programa.

Os paradoxos destes mitos discriminam a força geniosa desprovida de amor, que sumariamente antecede nossas atitudes. Referem-se ao amor tão somente como necessidades desprovidas de cuidados, tem origem em feridas profundas e podem aniquilar com toda uma geração. Um instinto de sobrevivência, aqui, começa a ganhar valores de egoísmo. A tirania, que subjacentemente sustenta a distorcida vontade de uma criança ferida, inebria o ser que sequer chegou a desenvolver seus valores a respeito dessas passagens sensoriais. A tirania de Urano, o capricho da princesa Sedna, ou a violência dos demônios que se autoproclamam donos do mundo na passagem da deusa Kali, revelam uma falta de limite tamanha, que só o gesto abrupto de uma lâmina poderia discriminar a fronteira em que este impulso deve parar.

Instinto é uma força determinante, no que concerne à preservação de uma raça. Quanto mais primitivo, menor é a elaboração da qualidade de sobrevivência, autopreservação e embate. Assim sendo, coisas como matar para retirar o empecilho, frente aos objetivos, pode passar a ser corriqueiro. Aqui, cabe somente a extinção de comportamento.

SEDNA, O MITO

Existem algumas versões do mito Sedna, principalmente depois de sua recente adoção pela astrologia. Algumas sobre cães, outras sobre a mulher esqueleto e muitas outras, adaptadas e incertas.

Mas há uma clássica e principal versão, que conta a estória de uma jovem princesa que passou sua vida, até então, recusando todos os pretendentes que lhe eram apresentados, sendo que por um motivo ou por outro nenhum lhe servia.

Envergonhado, seu pai já não sabia mais o que fazer com a tal passagem e tudo acabou sendo levado à situação limite de extrema tensão.

Certa vez, Sedna caminhando pela neve, deparou-se com um majestoso pássaro branco que para a surpresa de seu pai, apaixonou-se profundamente com todas as características de sua obstinação. Por mais que seu pai a alertasse, ela prosseguia inflexível ante os seus argumentos, pois o tal pássaro também era um príncipe em pleno grassamento de reinado e eles assim casaram.

Logo após as cerimônias, o preocupado pai então preparou o seu barco, a pretexto de conduzir sua difícil filha para o seu novo lar, seu novo reino; tão logo o fez. Exultante, a menina Sedna chegara ao seu fadado destino com grande expectativa de assumir as riquezas.

Radiante, a jovem princesa atracou na ilha a pretexto de abençoar e tomar posse de seu futuro reinado. Mas, qual não foi a sua decepção, ao discorrer por um vasto império de pedras e merdas.

Desesperada, voltou-se para o seu pai, a intuito de pedir socorro e retornar à sua antiga casa, visto que desta forma poderia voltar a escolher um pouco mais os seus pretendentes. Porém, tão logo posto em prática o novo plano, a guerra começou. Ofendidos com a discórdia, os pássaros revoltados puseram-se a atacar com toda fúria a frágil embarcação e a menina caiu. Aflita, debatendo-se ao mar, ela então agarrou-se ao bote em apelo à sua salvação; mas os pássaros não paravam, em risco de tudo se tornar uma grande desgraça. Visto que ambos poderiam morrer, o descontrolado pai pegou o facão e decepou seus atracados dedos e a pobre menina afundou, esvaindo-se em sangue.

Ainda para a nossa surpresa, ela volta a abraçar o barco, dessa vez sem os dedos, mas os pássaros não pararam, transformando tudo em uma desvairada dança da morte; dessa vez sem dúvida, esse pai volta a decepar seus antebraços enquanto quase que silenciosamente, a menina acaba por submergir, corando em vermelho tinto toda a área afetada.

A embargo, algo ocorre por excelência. Pelos tocos dos braços decepados, ainda o sangue sagrado desdobra-se em vida, dissipado nas águas, dele passa a brotar toda a vida oceânica. Focas, peixes, baleias, outros mais; e por consequência toda a vida na Terra.

Sedna é um mito de criação do mundo para o povo inuit. Ela é uma deidade sagrada daquela cultura, daquela nação; mais do que santa, ela é a criadora do mundo.

No entanto, é de suma riqueza destrincharmos os matizes dessas emoções. Vemos, do meio da violência, renascer um amor pela vida, que foi cuidadosamente alinhavado pelo sentimento de consternação; isso pode nos causar tamanha surpresa, ao vermos a menina Sedna imersa em tão grande e profunda dor, pela perda de seus membros, seu conforto, seu reinado, seu pai e seu príncipe. Pois somente com a devastação total de seu próprio poder ela consegue encontrar o seu caminho legítimo, sua função no todo, por onde a reparação há de vir e beneficiar a si e aos demais. Ter em sua vida uma passagem atrelada a um mito como esse pode lhe causar um enorme sentimento de perdição. Mas, quando são respeitadas as passagens iniciáticas correspondentes à sua vida, um grandioso poderio criativo inegavelmente emergirá de suas profundezas, pois este é um mito de criação do mundo, por onde um novo mundo há de renovar para si.

Estava eu desta vez a acompanhar a passagem de alguém completamente imerso nesse mito, alguém cujo renomado pai havia contraído HIV e deixado atrás de si um sombrio rastro de reputação maculada. Contrair HIV na década de oitenta era considerado uma insinuação de homossexualidade promíscua e condenação à morte pelo pecado cometido, ainda que, em realidade, houvesse vivido uma boa trajetória de realizações em benefício social. Orientava eu então tal pessoa, que por sua vez havia herdado supostamente a homossexualidade do pai.

Amparada socialmente na estrutura de uma família bem sucedida, tentava pois desesperadamente agarrar-se a um barco que não mais a levaria ao caminho de volta. Seria impossível amparar-se novamente em tal reputação maculada, quando seus instintos, seus reflexos, estavam encharcados de medo e vergonha. Seus braços jamais poderiam abraçar o antigo lar, suas mãos nada poderiam fazer com aquela realidade destruída, decepada. Ver-se completamente desprovida de seu PODER é ver-se desconfiada do mundo, sem reputação disponível para prosseguir. Só lhe restava submergir em suas profundezas e decidir se sua morte seria simbólica ou real. Seu desejo de morrer e o seu medo de enlouquecer eram exatamente proporcionais à vontade de se ver em uma realidade melhor.

Essa dimensão da consciência é bastante delicada, pois lidar com esse tipo de profundezas demanda muita energia, muita determinação. O ego pode ser tragado pelo mito, as vagas de energias são extremamente poderosas, a pessoa envolvida pode entrar em *hybris*[9] (termo que denota extrema identificação, em estado híbrido com o deus). No entanto, seu mundo precisava ser recriado. Um mito de grande magnitude pode ser vivenciado por uma ânima extremamente poderosa e arrastar consigo

[9] O termo *hybris* tem origem grega e significa "excesso", contrapondo-se diretamente a *sophrosìne*, termo que denota "sabedoria" e "moderação".

todo um grupo para a passagem de reinvenção. E assim o fez.

A obra precisava ser iniciada. O trabalho precisava ser braçal. Foi quando me veio a inspiração de que precisávamos de um outro atalho, outro mito de criação do mundo para dar suporte a essa aventura, a poesia estava no ar. Eu tinha que me valer disso, tinha que aproveitá-la.

Saltando para outro mito de criação, em busca de ampliar e complementar a passagem, cada Ungambikula deixou na Terra seu rastro de manifestação e cada ser criado, seja ele animal, vegetal ou mineral, pertence ao rastro de seu Ungambikula, bem como todas as formas de expressões pertinentes a ele. Mas, quando fora do seu próprio rastro, poderá encontrar adversários e predadores.

Tais passagens não costumam acontecer sem as devidas sincronicidades, pois fazem parte da grande colcha de retalhos em que a trama da criação foi entremeada.

Enquanto isso, noutra paisagem, em meu trabalho pessoal evolutivo, havia sido apresentado a um foco de consciência e presença que se autodenominava aborígene australiano. Esta presença emitia uma forte impressão de antepassado. Com impressionantes raios de amor e sabedoria, foi o espírito amigo dessa jornada.

Este mito conta a história de criação do mundo, em que os Ungambikulas encontram pelo solo formas de seres inacabados e, com suas ferramentas enormes, concluem a criação. Esse seria o cenário ideal por onde eu poderia arrastar a menina Sedna... sua vontade estava desgastada demais para resistir ao meu convite. Ela poderia nesse novo cenário, tranquilamente encontrar seus pedaços, tal como todos os que a acompanhariam. Cada qual com suas histórias e necessidades, a serem reinseridas na trama do mundo. Tais ferramentas poderiam ser nobres como a honestidade, o compromisso, a coragem, o afeto, o reconhecimento, a honra, enfim, muitos valores a se desdobrarem eternamente para tantos outros.

Ao reconhecer na arte primitiva dos aborígenes australianos a policromia mosaica capaz de respeitar e valorizar qualquer fragmento a partir de um único ponto, demos início à criação; com ela, ao trabalho de reintegração. Foi quando, com inspiração daimônica, nasceu a sagrada oração de PODER.

Oração de poder dos Ungambikkulas[10]

Força de um rastro que ecoa na eternidade.
Pedras, plantas, animais, poderes, mistérios,
elementos, segredos, milagres, divindades...
E antepassados, portadores da luz,
da chama sagrada que me gerou.
Desperta-me à força primordial da vida
trazendo a ordem, a luz, o amparo, a coragem,
a guiança, a graça, a beleza, a cura, o amor...
E o poder do meu rastro divino.
O apoio da minha estrutura milenar, para que eu
possa restaurar o que aqui foi adulterado.
Como instrumento que sou, da consciência maior,
da consciência sagrada, quando abençoa a criação.

[10] A palavra aqui, refere-se ao Grupo Musical Ungambikkula. O arquétipo Ungambikula escreve-se somente com um "k".

"αὐτὰρ ἐπεὶ δὴ τοῦτο γένος κατὰ γαῖα κάλυψεν,
τοὶ μὲν δαίμονές εἰσι Διὸς μεγάλου διὰ βουλάς
ἐσθλοί, ἐπιχθόνιοι, φύλακες θνητῶν ἀνθρώπων,
{οἵ ῥα φυλάσσουσίν τε δίκας καὶ σχέτλια ἔργα
ἠέρα ἐσσάμενοι, πάντη φοιτῶντες ἐπ' αἶαν,}
πλουτοδόται· καὶ τοῦτο γέρας βασιλήιον ἔσχον."

(Hesiodo, *Os trabalhos e os dias*, p. 120-126)

A palavra *daimon* provém da raiz grega *daío* que significa "distribuir destinos" (segundo o Dicionário Liddel Scott).

A primeira menção sobre o *daimon* ocorreu em VIII a.C. com o poeta Hesiodo. Junto a Homero, criou o primeiro Panteão Ocidental reconhecido no mundo acadêmico, a mitologia grega e com isso toda a tradição.

"Mas depois que a terra a esta raça cobriu eles são, por desígnios do poderoso Zeus, gênios corajosos, ctônicos, curadores dos homens mortais. [Eles então vigiam decisões e obras malsãs, vestidos de ar vagam onipresentes pela terra.] E dão riquezas: foi este o seu privilégio real."[11]

Ao explicar o Daimon, disse Platão:

"um grande gênio (*daímon mégas*), ó Sócrates; e com efeito, tudo o que é gênio está entre um deus e um mortal" (PLATÃO, *O Banquete*, 202 d-e).

Quanto à sua dýnamis específica, comenta:

"interpretar e transmitir aos deuses o que vem dos homens, e aos homens o que vem dos deuses, de uns as súplicas e os sacrifícios, e de outros as ordens e as recompensas pelos sacrifícios; e como está no meio de ambos ele os completa, de modo que o todo fica ligado todo ele a si mesmo."

"Depois que todas as almas escolheram suas vidas, apresentaram-se diante de Laquesis. E ela enviou com cada uma, como guardião de sua vida e realizador

---

[11] Tradução de Christian Werner do trecho em grego que abre a página anterior. Hesiodo, *O trabalho e os dias*, 120-126, editora Iluminuras.

de sua escolha, o *daimon* escolhido por cada uma, e essa divindade conduzia a alma primeiramente a Cloto, por baixo de sua mão e do giro que ela imprimia ao fuso para ratificar o destino de seu lote e escolha, e após tocar nela, o *daimon* novamente levava a alma à urdidura de Átropos para tornar a teia de seu destino irreversível, e depois, sem olhar para trás, passava por baixo do trono da Necessidade." (PLATÃO, *A República*, 620e, X)

Ao que Sócrates afirmou sobre sua condenação:

"A mim, de fato, ó juízes - uma vez que, chamando-vos juízes vos dou o nome que vos convém - aconteceu qualquer coisa de maravilhoso. Aquela minha voz habitual do *daimon* em todos os tempos passados me era sempre frequente e se opunha ainda mais nos pequeninos casos, cada vez que fosse para fazer alguma coisa que não estivesse muito bem. Ora, aconteceram-me estas coisas, que vós mesmos estais vendo e que, decerto, alguns julgariam e considerariam o extremo dos males; pois bem, o sinal do Deus não se me opôs, nem esta manhã, ao sair de casa, nem quando vim aqui, ao tribunal, nem durante todo o discurso. Em todo este processo, não se opôs uma só vez, nem a um ato, nem a palavra alguma.

Qual suponho que seja a causa? Eu vo-la direi: em verdade este meu caso pode ser um bem, e estamos longe de julgar retamente quando pensamos que a morte é um mal. E disso tenho uma grande prova: que, por muito menos, normalmente, o meu gênio se me teria oposto, se não fosse para fazer alguma coisa de bem." (PLATÃO, *Apologia de Sócrates*, XXIX)

O conceito veio reforçar nossa percepção a esse suporte inspirador invisível que nos acompanha durante a trajetória na Terra.

Não sabemos muito qualificar e quantificar essa força geniosa que atua dentro e/ou fora do indivíduo, suas ressonâncias e suas profecias. Ao que me parece, ele, o *daimon*, se manifesta através da voz interior, dos sonhos premonitórios, das mensagens adquiridas através dos psicotranses e experiências de pico. Porém, via de regra, essas ressonâncias são implacáveis. Ainda assim, por influência *de kairós*[12], nem sempre observadas ao olhar comum. Seus ditames apontam indubitavelmente para uma trajetória evolutiva de valores e condutas priorizando a elevação da alma através de seus dons.

Divino é honrar o seu dom

(Assim me disse a Voz)

Acho importante salientar que as passagens dos mitos, e de um mito para o outro, devem ser reconhecidas e escolhidas sabiamente. Talvez seja essa a única garantia. Uma leitura franca e inteligente das ressonâncias e seus ritos de passagem, a redirecionar as nuances de nossos

[12] A palavra grega *kairós* significa "momento oportuno", é o tempo da oportunidade fugaz, diferenciando-se do tempo de Cronos, aquele que se alimenta dos dias até saciar-se na morte. Cronos era representado como um velho devorador ou ceifador. *Kairós*, como um jovem de cachos dourados e muito veloz. Carl Gustav Jung acrescenta a essas representações o tempo de *Aion*, numinoso.

instintos. Ao entrarmos na faixa de consciência de um mito de criação com a percepção focada, podemos reconhecer tantos outros mitos de criação do mundo e fazer a escolha por um rastro a seguir. Olhar a vida do alto é admirar o seu mapa. Esta é a visão do Eu Superior, do *Self*. É a visão daquele que olha o engarrafamento do trânsito por cima de um prédio e, com isso, antevê sua obstrução, suas possibilidades. Ao fazer isso, o instinto estará ativo, desperto - com inteligência posso encaminhar a minha vontade. Nesse grupo há buscadores que carregam em seus corações o dom da música. Inspirados pelos aborígenes australianos e com o suporte amigo do foco de presença Do-Doye-Rô, mergulhamos então na aventura de contar a nossa história, reconhecer e mapear a vida através da música, da pintura e da dança. De forma que passamos a ampliar o nosso trabalho com essa gama de expressões.

Esse povo da Austrália remonta a uma história de cem mil anos de existência sem construir sequer um monumento. Reconhecem e mapeiam suas terras, sua cultura, através do canto. E isso é repassado de forma iniciática e secretamente. Pois, se autodenominam os zeladores da Terra. É por isso uma grande honra segui-los.

Chegamos à conclusão de que seria necessário um quartel-general, um lugar sagrado, um ponto de fuga de toda a nossa expressão. A criação de um novo mundo adviria concomitantemente a um treinamento capacitador; mas as regras tinham que surgir das profundezas de cada um, de forma que a autoinvestigação ocuparia o papel principal, até que se pudessem apurar valores primordiais para serem reafirmados. Só então o legado seria partilhado honestamente com o mundo. A sede.

Dentre os mitos de criação do mundo há um em que Vishnu assume a forma de uma tartaruga gigante. Esta seria uma forma ideal de outro mito de criação, pois seu casco remonta-se em poderosos fragmentos, fortes, resistentes, como a um quebra-cabeça organizado. A reintegração recomeçaria ali e passamos então a pintar em primitivismo, uma enorme tartaruga que decoraria o piso do salão principal. Ela simbolizaria para nós o potencial de adaptação e resistência. Acrescentamos também a grande serpente, como representação da transmutação do próprio veneno, pois com sua língua bifurcada discrimina as polaridades; um ornitorrinco, que representa a passagem, a mutação, a integração, a singularidade, a criatividade, a capacidade de adaptação.

O ornitorrinco é mamífero, põe ovos, tem pele de castor, nadadeiras, bico de pato e um poderoso veneno muito singular como defesa, pois além de ser um dos poucos mamíferos com veneno, em sua peçonha foram encontrados 83 genes de 13 famílias diferentes de toxinas, sendo que algumas delas também são encontradas em várias serpentes e aranhas. Ele é monotremado, pois, assim como os golfinhos, tem seus receptores elétricos em disposição céfalo-caudal. Neles se somam mais de 40 mil eletro-receptores, mas, quando em emergência, abre mão de seus outros sentidos, priorizando esta capacidade como leitura espacial.

E um *Chlamydosaurus*, o pequeno dragão da Austrália, como símbolo do dragão primordial, representando o poderoso Fogo de Terra.

Na concepção desse grupo, estes símbolos bastariam para representar as forças que seriam utilizadas para a nova fundição.

Mas, por que fazer isso? Por que uma vida carregada de tantos mitos e símbolos? Por que emprestar aos nossos valores tanta poesia e visceralidade? Creio que ao ler estas páginas você se pergunta veementemente...

Em resposta, eu gostaria de lembrá-lo de que o sacrifício já acontece. Só o fato de você estar vivo, circulando e se expressando sobre a face da Terra, o sacro-ofício advirá por suas escolhas entre o prazer e a dor, entre o condicionamento e a criatividade, entre o amor e o medo. Sobreviver a isso marcará sua memória, seus registros para sempre. Pois enquanto sua percepção estiver viva, não há como parar, sua existência precisa ser afirmada, ou você não existe. É preciso otimizá-lo, direcioná-lo para fazer com poesia uma boa história.

Segundo os hindus, *samsara* é a dança frenética das emoções que os fará de joguete sem nada concluir. Em Maia, o homem coloca seus companheiros como pano de fundo no vício de poder projetar sua vaga loucura. Imagine você milhões de pessoas em transe, projetando milhões de loucuras em cima de tantas outras, formando as vagas de ilusão...

Os anciões da vida moderna cada vez mais abrem mão da honra, do ancoramento enquanto ponto de referência aos que advirão. Vale lembrar que a palavra *guru* do sânscrito não significa *mestre*, significa *pesado*, de *ancorado*, ou *aquele que remove a escuridão*. As pessoas andam tristes em seus íntimos, veem seus projetos protelados, estão fora de seus ritmos. A morbidez assumiu o papel de um consenso social, hoje negociamos a morbidez como uma requintada iguaria. Ela está "tecnologizada", deixando atrás de si um enorme rastro de degradação. Cada vez menos é necessário usar as próprias mãos para desencadear o caos, estamos a um passo de não termos mais recursos para discriminar o benéfico e o nocivo, creio que uma grande tormenta se avizinha.

Quando Fred Hoyle afirmou que "somos capazes de nos destruir uma centena de vezes em meia hora", referia-se a uma realidade de 1950; desde lá um requintado egoísmo alcançou proporções catastróficas. Vejo nisso um grande perigo para a nossa existência. As egrégoras estão permeadas de incógnitas e dor, infelizmente, seus afetos estão comprometidos com isso... Hoje, por mais que se tente, partilhar o seu amor é partilhar a sua dor e isso acontece entre os teus e os meus.

Mas há um fenômeno que ocorre aí, vamos tentar observar mais de perto:

Imagine que numa sala fechada um casal discute e acaba brigando. Agora imagine que você abre a porta, entra no recinto e os surpreende em silêncio. Em tal situação, se você se dispuser a perceber o que ocorreu, terá uma leitura clara de que houve discórdia no ambiente, sem mesmo ter assistido à conversa; com um pouco mais de atenção não terá dúvida de quem levou a melhor ou a pior... Costumo usar esse paradigma de percepção, ao ministrar os grupos de curadores. Há muito, ouvimos dizer que somos UM, que estamos interligados; que se nós tivéssemos consciência disso, não sentiríamos solidão... Algo disso acontece.

Agora imagine você que foram depositados num grande aquário, muitos ovos sem cascas, com suas claras e gemas... Somos isso. Quando se abre a percepção profunda, é possível observar o enorme *degradée* de texturas que compõem o universo e seus campos de manifestações, de modo que, se você tem um padrão energético (#*#*) e marca um encontro com alguém de qualidade (xyxy), ao final desse encontro os dois estarão vibrando em (#x*y). É isso uma lei universal. Seja você cristão, rabino, cientista, comerciante, animal, vegetal, orgânico ou sintético. Essa é uma das sabedorias cósmicas que as forças primordiais aprumaram para alavancar a criação como um todo ante a evolução.

Embora não saibamos muito que energia somos, não acho muito honesto não sabermos que qualidade energética exalamos para o mundo. Ao abrir-se para a autopercepção energética, você entenderá o que estou dizendo. Sua autopercepção o levará a corrigir sua própria conduta, ao sentir texturas de seu campo pessoal e manifestar harmonia ou distorções. De forma que esta é uma ferramenta poderosa para apurar sua postura ética. Sendo assim, calcule você o que ocorre num encontro de cinco pessoas alegres com uma pessoa triste, ou uma pessoa sentada sob uma frondosa e saudável árvore; dessa vez então, entenderá, quando eu disser que uma humanidade inteira escolhe uma versão de desesperança e egoísmo... Não será estranho a você, quando eu lembrá-lo de que certa vez, ao estar em casa, em seus afazeres, se viu subitamente acometido por um forte sentimento de medo, irritabilidade ou ansiedade sem fundamento... Essa é a força do inconsciente coletivo. Quando nós humanos, nos vemos imersos em profunda convicção num tema vigente, somos capazes de exalar, impregnar e contaminar todo o campo à nossa volta, promover reações em cadeia silenciosamente, somente com a energia da convicção; com isso, pôr à prova toda a coerência dos fatos.

Coisas como sensações, emoções e sentimentos caminham juntos com a magia da vida, podendo promover contaminações a partir de um único estado interior. Muitos encantamentos são desencadeados por insinuações e sugestões corporais reflexivas, comentários periféricos a uma questão, ou até mesmo um cálido estado de convicção com aparência de quietude. Embora entre nós haja crenças de que muitas forças são desencadeadas por trabalhos de magia, mais vale alertá-los de que a maior parte delas são desencadeadas por crenças carregadas de intenções e congestão de emoções excessivas, gerando o campo condutor. Tal indução poderosa por vezes, advém de sugestões muito sutis.

A questão passa pelo poder de levá-lo a pensar que o conceito e o estado são seus. Somos capazes de levantar dúvidas infundadas, e imprimir fortes inseguranças em conceitos já estabelecidos através desse fenômeno, dessa força instintiva. A situação se agrava quando uns encontram apoio em outros para vacilar.

Temos o poder de abençoar, assim como levantar melhores versões sobre os fatos, promovendo confluências e profundo mal ou bem-estar no coletivo.

Com isso, devemos esperar, des-esperar, ou pró-esperar a nova aventura. Essa é a grande importância da individuação.

Todo o fenômeno em si contém o paradoxo de que até o suposto condutor de gado volta a ser conduzido depois da força desencadeada, perdendo assim o controle para a força confluente do inconsciente coletivo, uma vez que os campos de registros impregnados e saturados de uma intenção, voltam a envolver o suposto guia também.

Os campos de registros, por sua vez, saturam-se à nossa volta com informações de cheiro, sons, imagens, temperaturas, texturas, lembranças, emoções, sentimentos, sensações, cores, movimentos, velocidades, estagnações, transformações, putrefações, morte, revitalizações, curas, agraciamentos, dissimulações, verdades e mentiras, assim como toda a história daquilo que é e não é. Paradoxalmente, estar a salvo pode ser não acreditar no que se sente, no que se vê. Duvidar daquilo que acolheu como seu, duvidar do que acolheu como convicção, por vezes pode ser a salvação daquele que se encontra imerso no frenesi histérico das voltas da vida. Voltar-se para o Si é entender que uma vida simples é fácil de administrar. O verdadeiro amor é encontrado na poesia da vida; alegrar-se com ingenuidades, apesar de a malícia também ser referência, aceitar verdadeiramente que não se tem o controle de tudo o que você abarcou, confiar em seu batimento cardíaco, em sua respiração e espreitar por respostas para as suas questões pessoais através da observação, no veio da construção cósmica, seu misterioso organismo.

Ter esperança é não confiar piamente nessas coisas da sociedade moderna, enquanto ela ainda busca ser algo que só o indivíduo é capaz de encontrar. O sistema de coisas em que você está metido não pode ser levado demasiadamente a sério. As coisas permanecerão, enquanto aqui consigo, você pode vasculhar em seu íntimo o estado de contentamento e desembaraçar-se desse fluxo de decepções em que o coletivo se encontra e libertar-se, no estado de alegria. Acredite-me, ele não depende das coisas externas, mais do que você imagina, seu íntimo só você pode tocar.

Enquanto consciência basal, a sobrevivência é ladeada por amor e medo. Porém, quando o amor perde garantias, ele, o amor, ganha vestes de medo, voltando a cingular, trazendo de volta a dor. A solução em si aponta para um outro instinto, o da bondade. Cuidar é instinto, bondade é instinto. Esta se atém ao que é bom e benéfico, é quando o instinto de sobrevivência avalia sensorialmente o amor e o medo e decide reparar e/ou criar um universo de coisas eticamente duráveis, coisas que zelam pela vida, diminuindo o sofrimento, priorizando a coexistência com valores positivos e benfazejos.

Em suma, bondade é disponibilizar a inteligência em benefício do que te cerca...

A felicidade se constrói
com boa vontade.

Estar em bondade é estar aberto para selecionar adequação. Quando você estiver cercado dessas coisas, elas serão cuidadosamente escolhidas, você poderá se observar em paz.

A dança do mundo hoje fervilha em caos, mas houve tempos, em que em plena harmonia ela obedecia aos ciclos da vida em toda sua magnitude. Nascer, crescer, florescer, amadurecer, envelhecer e morrer deixavam como herança registros de transcendência como modelos para gerações vindouras. O milagre da vida ocupava o espaço sagrado em que algo maior zelaria por sua perenidade. Observe-se e assuma que em sua pequenez, enquanto decide os afazeres da vida cotidiana, ou mesmo quando em sono profundo, algo mágico, fiel e perene zela por seu batimento cardíaco, por sua respiração e toda a peristalse de seu organismo. Nem mesmo é preciso preocupar-se com o calor de seu corpo quando a integridade é respeitada. Estar vivo é acima de tudo um ato de aceitação: aceitar a existência e as leis que a regem, sustentar a presença, com a percepção e a vontade despertas e, contudo, seguir eternamente propondo isso.

7 O ADVENTO DO MOACYR

Certa vez quando jovem, ao chegar de um acampamento, ainda na varanda de casa, deparei-me com uma desconhecida anunciando-me a morte de meu amado e querido amigo Moacyr. Em tenra infância, nossa convivência começara aos meus três anos de idade, sendo que até o dado momento eu somava por volta de 18 anos.

- Não fala nada pra ninguém, mas eu acho que ele morreu... Afirmava a ingênua mulher, ao pensar que estaria lidando com alguém que não se importaria tanto com o fato. Tal mensagem atingiu-me como um golpe, colocando-me em choque, impedindo-me de chorar, sendo que imediatamente armei a seguinte defesa: - Não deve ser ele... deve ser outro Moacyr, o outro Moacyr da outra rua, ele é mais velho, deve ser ele. Implacavelmente, agarrei-me à minha fé, e segui em frente com ela.

O dia seguinte chegou e a notícia apurou para não morte, porém uma internação grave é sempre assustadora, ainda mais quando envolve um ente querido. À medida que o tempo severamente seguia em frente, o quadro se agravava a cada segundo, culminando em sua morte real. Até o dado momento, eu já o tinha visitado ainda em vida no hospital, porém, com a aterradora notícia tudo à minha volta havia se transformado em dor. Era a primeira vez em minha vida que eu experimentava esse tipo de vazio, uma ferida aberta, somente dor; sentia-me traído pelo destino, pois o amigo querido de todos os dias que até então partilhara cumplicemente minhas percepções sobre a vida, deixara-me completamente só com toda a responsabilidade, sem amor.

Em minhas passagens pela vida, dentre elas soma-se uma de internação por cinco anos num hospital, em busca de reparar algo que uma falha médica desencadeou karmaticamente em minha história. A diferença entre as duas pernas, como mencionei anteriormente, foi um processo iniciado no primeiro ano de vida, que passou a nortear meus caminhos, brindando-me com duas alturas, duas referências, dois pontos de vista. Creio que de alguma forma isso me tornara interessante, no que se refere à observação e raciocínio, mas foi quando voltei do hospital que pude ver, reconhecer e me encantar com as preciosas afinidades existentes naquela amizade.

Nosso amor crescia a cada dia, à medida que éramos surpreendidos por nossas curiosidades, comprovações, descontrações e alegrias, desvendadas pela adultescência. De forma que ao sair de minha última longa internação, com a duração de três anos consecutivos, me vi forçado a permanecer por nove meses acamado, recuperando-me da última cirurgia de enxerto ósseo. Às vezes chego a pensar que se isso foi possível, em grande parte se deve a essa sagrada companhia, visto que ele era especialmente alegre e companheiro; firme em passar comigo horas a fio.

Ao tirar o gesso, pude então fazer a minha primeira viagem de férias numa reserva na praia. Éramos um grupo de vários jovens, liderados por meu tio, de forma que eu contava plenamente com a presença de meu querido amigo nesse passeio.

Tamanha surpresa me assolou, quando sua mãe desconfiadamente não concordou, como se algo errado pudesse ocorrer nessa viagem. Minha estranheza devia-se ao fato de que ele já estudava, viajava e passava fora semanas inteiras; essa seria também sua viagem de férias. Quase ofendido, aventurei-me sem ele para a praia, procurando esquecer o transtorno, envolvi-me com os outros amigos.

Chegando lá, tudo saiu como previsto, descontração e diversão, risos e conversas em volta da fogueira, violões e cantorias para alegrar as noites; foi um lazer de quatro dias inteiros, retornamos no quinto. A viagem de volta fora previamente organizada. Éramos moleques, eles gostavam de caçar passarinhos, eu não. Sentia-me um tanto culpado. Embora tenha virado motivo de chacota entre eles, presentearam-me ainda assim com um. Tomei coragem e pedi outro para levar ao meu amigo Moacyr, ele também tinha aquele hábito, aprendido com seu pai.

À medida que a hora da partida se aproximava, o pássaro do Moacyr amuava-se num canto, preparando-se para morrer de tristeza. Eu o soltei. Pegaram outro, seguido de outros quatro, todos amuando-se também. Senti-me intuitivamente pressionado a desconfiar de algo, soltei-os todos, silenciei-me. Intrigado com o fato de que o fenômeno acontecia somente com os dele, até mesmo o meu prosseguia forte, até cantara e eu nem o queria... não achava certo. Já no trem, no caminho de volta, a euforia tomou conta de todos, com o vagão vazio, sentiam-se à vontade para cantar, gritar e pendurarem-se entre os ferrolhos. Em meu mórbido segredo, fiz um silencioso acordo: - Acho estranho tudo isso... Tenho medo de que se ele estivesse aqui, algo realmente pudesse acontecer agora... talvez sua mãe tenha razão, eles estão bastante imprudentes. Mas não faz mal, quando chegar lá, ele ficará feliz ao ser presenteado com minha ave. Prossegui quieto e esta, já prometida, para o meu espanto amuou-se também... Mau agouro??? Algo ruim... Soltei o pássaro, eles riam de mim, diziam que eu os contaminava com o meu dó. A partir de então, entreguei-me ao meu destino... Só restava preocupar-me, não via a hora de chegar em casa e constatar que tudo estava bem.

Mas ao regressar, ainda com a chave na porta, a ingênua mulher me repassou a fatídica notícia. - Não fala nada pra ninguém, ele saiu a passear de carro com uns amigos, beberam um pouco, apostaram corrida e quando o carro derrapou, a porta se abriu e ele foi projetado para fora, de cabeça no muro.

Aquilo feriu-me como o golpe final, desesperado fantasiei minha já comentada e falsa fé. Foram dias de muita tristeza, eu precisava me preparar para comparecer ao velório, para o qual até então não construíra coragem. Ao chegar lá, com o autocontrole esculpido por meu sofrimento, deparei-me com sua mãe completamente desesperada, dizendo-me: - Ele não saía da sua casa... Eu não podia estar ali, não conseguia, tinha que sair pra chorar, pois tinha medo de levar a maior descontrole a pobre mulher e desencadear outra tragédia. Fugi para o jardim, debrucei-me num banco e desabei a chorar compulsivamente, tudo que até então estava represado... mas algo aconteceu.

Subitamente, como mágica, fui golpeado por um sentimento de grande beleza, algo quente, amoroso e divino... Um vórtice de energia revigorador turbinou à minha volta, logo seguido por uma revoada de delicados pássaros bico-de-lacre, com nada menos que algo entre cento e cinquenta a duzentas aves preencheu todo o espaço onde eu me encontrava, quase como uma nuvem. Em meu corpo, ombro, braços, mãos, cabeça, dedos, no banco, no chão, no arbusto à minha volta, como uma intensa e soprosa aura sagrada em resposta ao meu apelo, meu diálogo silencioso com ele... Vale dizer, que os até então amigos de viagem presentes no velório, nesse momento buscavam-me pelo jardim, preocupados com meu estado.

Em solidão, surpreenderam-me mergulhado em pleno gozo de êxtase, em plena experiência de pico, como um santo do quadrinho amortizado do cadafalso.

Vieram ao meu encontro, juntaram-se a mim; emocionados pegavam comovidamente as aves, completamente atônitos exclamavam: - Olha o que está acontecendo! Ficamos ali aproximadamente por vinte minutos em silêncio... e elas se foram, deixando em mim a vaga impressão da passagem. Ainda hoje, com os anos passados, enquanto escrevo essa história, emociono-me respeitosamente com o estado, a experiência, essa partilha. Contudo, essa passagem ainda estava longe de terminar.

Voltei para casa ainda em transe, porém minha experiência transformara-se em depressão. Deitei-me em meu leito e tudo à minha volta se tornara um grande ponto de interrogação. Não tendo mais o que fazer, confiei na força da minha fé, com ela criei uma oração peculiar e orei:

- Senhor, vou dormir e quando acordar fazei com que ele não tenha morrido! Amém!

Uma noite se passou, sentei-me na cama e voltei a orar:

- Senhor, vou dormir e quando acordar, fazei com que ele não tenha morrido. Amém!

Lá pela quarta ou quinta vez, de repente me vi num vazio, como um espaço no tempo, e lá estava ele com uma enorme aura raiada, branca e dourada. Entusiasmado, gritei: - Eu sabia, eu sabia que você estava vivo! Ele fez movimentos em silêncio, sinalizando-me para não abraçá-lo, mas não me contive; seria muito difícil para mim naquele momento simular indiferença, enquanto que quase ao tocá-lo, acordei em minha cama num lampejo. Confidenciei-me silenciosamente, cá entre mim: - Acho que ele deve estar tentando se comunicar... preciso voltar a dormir... e caí imediatamente em sono profundo.

Desde então, as imagens não me pareciam tão reais, notei em sonho que ele me puxava pela mão, precipitando-nos para dentro de sua casa, onde se apresentava uma família infeliz. Picando uma carta de baralho com uma pequena tesoura sem ponta, um lesado Moacyr se encontrava em pleno retardo mental, irritando a todos. Segurando a mão

de seu duplo, confessava em segredo nesse sonho:
- Com certeza não gosto muito daquele Moacyr, prefiro o que nesse momento segura a minha mão.

Acordei e resignifiquei: deve ser o que aconteceria com ele, se permanecesse vivo... melhor eu parar com isso... e voltei para a minha vida.

Passagens como essa são abundantemente ricas quando o assunto é reconhecer o verdadeiro valor das coisas. Quando a sacralidade assume manifestação física, tendo como veículo os elementos da natureza, ficamos confusos, porquanto os caminhos são delineados e definidos completamente fora de nosso controle, despertando-nos para a vulnerabilidade frente ao rito a seguir.

Como já citei num momento anterior, o mundo em que vivemos deixou de ser literal há muito tempo. Em primeiro lugar, o modo como o percebemos é bastante distorcido, no que concerne à sua forma real. Nossa visão, audição, olfato e até mesmo o sentido tátil, são bastante limitados em nos passar as informações de sua real aparência; ademais, a gravidade nos devolve a ilusão de que somos apoiados; quando muito, somos pensos, pendurados, prensados, pois o planeta não tem algo como: acima, atrás, abaixo, ao lado, à frente... Você o tem.

Permita-se passar pelo menos quinze minutos em um campo ao ar livre, andando de quatro, forçando olhar o céu através do vão das pernas e você irá entender o que eu digo, quando sua percepção alterar e se adaptar.

Cada forma do mundo, animada ou não, em nosso campo de percepção ganhou muitos nomes, utilidades, representatividades, que simbolizam sensações, emoções, sentimentos, muitos outros sentidos e fenômenos, que nem sequer ainda ganharam nomes em nosso vocabulário, mas que ainda assim prosseguem dando sentidos às nossas vidas. Nossa necessidade de simbolizar se deve à necessidade de voltar a reproduzir e sensorializar muitas e muitas vezes as experiências, através de um sofisticado sistema de confronto, equiparando e comparando valores. A cada passagem conferimos, verificamos, reforçamos, trocamos, transformamos, alquimizamos e desenvolvemos cada vez mais em direção ao reconhecimento de nós mesmos. Todo o movimento à sua volta, acaba por ter a função de fazê-lo experienciar seus movimentos internos, eles o conduzirão cada vez mais a paisagens inusitadas, enriquecendo suas fantasias, suas criações, seu repertório.

A busca pelos estados é a busca de querer ser, eles são ensaios para o SER.

Estou tal coisa? Não sou tal coisa? E chega a hora em que você começa a se reconhecer nos estados; entre os estados, para prosseguir caindo em si, de uma forma menor, de uma forma comum.

Tudo refere. Uma questão muito sofisticada sustenta o nosso lugar no mundo.

A verdade tem profundidades e
as realidades se desdobram entre elas.

Cheguei à conclusão de que não há muitas verdades e de que ela realmente é uma só, como uma coluna vertebral que sustenta o nosso equilíbrio ante os movimentos. Mas a cada profundidade de percepção, a cada faixa de consciência e estado, essa força atua vestindo roupagens daquela faixa de consciência, embora ainda seja a mesma força. Por exemplo: o amor é uma verdade, porém, muda a sua face ante as passagens, a cada passo de imersão. Outro exemplo bem simples seria o calor ou o frio. A cada lugar e intensidade dessas temperaturas, você irá interagir com elas de forma diferente, elas serão mutáveis mas inegáveis.

O estado não é o SER, ele não é perene, portanto não dá para estacionar ali.

Você poderá lutar por um estado pensando voltar a ser, mas não permanecerá.

O SER é a compleição de todos os estados colapsados em um único, depois das fronteiras derrubadas. O SER estará lá observando, os estados não acabarão, eles passarão, todos sem muito valor...

Esse laboratório alquímico da percepção colapsa em um SER quando as crenças são destruídas. Daí desdobra o SER, enquanto isso não acontece, seremos joguetes dos estados.

Corremos atrás de um estado tentando ser aquilo, e isso não acontecerá. Se você ficar insistentemente fazendo-o repetir, por achar que com isso vai forjar, por exemplo, uma bem-aventurança, poderá ocorrer na verdade uma violência em seu ego, podendo levá-lo a uma ruptura, pela cisma.

Mas quando forem reproduzidos os estados naturais de sua vida conscientemente, a ponto de estabilizar uma autopercepção maciça, as crenças sobre os estados vão entrar em colapso e vão ruir, daí levanta o SER.

Se Deus (universo) está constantemente em expansão, então o SER é incansavelmente criativo. É o SER acompanhando o pulsar da vida, cuja presença se encontra imersa no SI.

Uma questão de presença e criatividade. O fixo é a consciência da presença, o móvel é criatividade. O fluxo da manifestação, isso é o pulsar da vida *entre câmaras e bombas.*

Especialmente nos arquétipos de criação, a opulência, as cores, formas, ensinamentos, luz, soluções, artes, desdobram-se para serem contemplados. Onde puder, deixarão um rastro de beleza.

Perto de alguém assim, você experimentará algo terrificamente belo, amplo, assustador, intenso, amoroso, destruidor, avassalador, além do bem e do mal, ainda assim, sempre com algo de ego por perto. Eis o que tem a ver com o SER e o TODO manifestando-se em volta. Tudo vai pulsando e desdobrando sob a força do Daimon... alastrando, sendo.

O despertar do SI tem a ver com isso.

Essa opulenta exuberância assusta o ego.

O ego não assimila esse fluxo criativo constante.

Tive de lidar com o medo da loucura por isso.

No fundo desse Oceano, o ego também estava lá.

... Mas a gota estava no mar, ainda bem!

Nessa opulência, chega a hora em que fica tudo terrificamente belo, de forma assustadora.

A dança dos estados é para um dia ser.

No olho do furacão a consciência paira como observador constante. Fora, em sua dança... o giro torna do ritmo ao caos universal. Das profundezas titânicas e suas emoções avassaladoras da criança ferida, ameaçada pelo mar da loucura, aos graciosos movimentos das danças celestiais, o universo se desdobra eternamente em manifestações... um caminho para chegar ao fulcro da consciência.

Feche os olhos, respire um pouco, volte a se perceber... Em seguida abra-os e observe que todas as promessas à sua volta foram criadas para compensar as consequências de outras... Então, faça as suas escolhas... O mundo à minha volta devolve-me a mim mesmo, através das minhas sensações, sentimentos e emoções, que esses estímulos externos me inferem. Cada símbolo apurado passa a ser um precioso tijolo desse edifício que chamamos de ego. O ego, ele é feito de repetições. Quando é proposto ao ego um movimento perene de criatividade, só de imaginá-lo, ele desespera-se em perdição. Cada passagem traumática, vincada em sua textura neural, na textura neural de cada um ao longo dessa trajetória de vida, acaba por deixá-lo cada vez mais inflexível em suas barreiras de lembranças, de medo. Apesar de a psicologia exacerbar sua importância e vertentes espiritualistas combaterem sua existência, eu o vejo apenas como o filho mais novo, seu sentimento de posse com resistência à partilha deve ser encarado como a uma criança aprendendo a expandir. Sua estrutura limitada não pode nem deve ser mutilada por rompantes, estados e valores abruptos de grandiosidades. Creio ser necessária a construção de pontes para que essa criança possa conhecer gradativamente novas paisagens. Com devido cuidado, será melhor deixá-lo fundir-se à consciência do todo com o máximo de prazer e o mínimo de medo possível.

> "A perda da realidade somática é um dilema essencial corrente. Exorta-nos a 'sermos nós mesmos'. 'Desenvolver-nos', 'sermos verdadeiros'. Muitos de nós, entretanto, não vivenciam o significado dessas frases. Vivem por intermédio de imagem, mentalizando experiência ou intensificando-a com substâncias químicas, compromissos sociais, reclusão meditativa ou condicionamento físico. O autoconhecimento pode aumentar, mas não necessariamente a compreensão somática." (KELEMAN, Stanley, *Corporificando a experiência*, p. 15)

Apesar de toda ponderação, os riscos serão altos ao fazer contato com os fulcros da consciência. Sem o ego, as trocas jamais serão possíveis, ele é o nosso precioso mediador. No entanto, as sensações, quem se apossa delas é a delicada, mas poderosa consciência, sob o julgo da ânima. É a partir da parceria ânima e *self*, essas poderosas ferramentas da consciência, que tudo nasce, tudo é. Quando eu lhe disser que se você toca, cheira, inspira, planta, lembra de e/ou sonha com uma rosa, e esta se lhe desdobrar para muitos valores em seu ilimitado sistema de crenças, podendo simbolizar uma paixão, o divino, o erotismo, o abandono, a dor, a raiva, ou até mesmo somente o trabalho, você entenderá melhor o que eu digo. Em seu íntimo, essas nuances são códigos de seus estados, tudo lhe confirma seu estado atual.

Ao contemplar por necessário tempo um ponto, uma direção, um valor, um conceito, uma presença, o espanto acontecerá. O termo aqui empregado tem como inspiração o conceito filosófico, de que o espanto é a base de todo questionamento, este é um dos preciosos ensinamentos de Sócrates. Embora não tenham a mesma origem as palavras espanto e expansão (a primeira vem de *ex-pavere*, ou seja, pavor-fora e a segunda *ex-pandere*, fora-espalhar), gosto de articular a ideia de que o exercício de concentração, o espanto da filosofia, e a expansão para novos horizontes de percepções caminham juntos. A expansão é uma qualidade muito específica de dispersão. Nela, o conteúdo não se perde, seu foco tende a desdobrar. A partir de então um rasgo de consciência acontecerá - o descortinar -, pois com isso o seu misterioso acervo lhe apresentará o ente. Este também tem bases na filosofia, enquanto contraposição do ser, algo com o qual você irá se relacionar. Porém, ao travar relação com o ente, desse relacionamento será possível apurar o consenso. A necessidade de coexistir é igual à necessidade de existir, de ser notado, ser tocado, pois ainda nessa apuração, consequentemente, o conceito advirá. As conclusões dessas experiências fomentam valores como: quente, forte, acima, duro, macio, raso, pétreo, bom, bélico, saudável, mal, acolhedor, aversivo, pontiagudo, acima, abaixo, enfim, infinitas formas, valores e presenças que deverão ser partilhados com um grupo maior, desaguando consequentemente no inconsciente coletivo como um resíduo de armazenamento. Relativo, simbólico, literal ou não, a consciência segue desdobrando criativamente o universo como um sofisticado sistema entre câmaras e bombas, expandindo e expandindo infinita e eternamente cada vez mais em todas as direções. Gosto de articular a ideia de que Deus prossegue eternamente em expansão. À medida que esses códigos vão sendo devidamente desvendados, confirmados e estabilizados segundo sua percepção, essa dança composta por estranhamentos e reconhecimentos tenderá a construir cada vez mais sua serenidade; estabilizar é equilibrar. O movimento interno tende a aquietar-se. Reconhecer as manifestações do ente é se reconhecer. Isso se deve ao fato de que você já se conheceu em determinadas estâncias, voltando a se reconhecer em atualidade, tendendo inclusive a realizar cada vez mais com menos movimento, exalando novas paisagens só por inspiração. À medida que meu movimento ganha graça e estabilidade, sou presenteado, entre outras coisas, com a singularidade. Ela é a preciosa sabedoria que a ciência de si traz com o tempo.

O objetivo que tenho ao atrair sua atenção para esse tema é de tentar mostrar-lhe o quanto nossa percepção do mundo físico ainda é bastante ameaçada pela relatividade, pela metáfora. Segundo algumas frentes científicas[13], a realidade física alterna entre estar e não estar, ser e não ser, podendo inclusive não voltar a condensar no mesmo lugar... isso já é metáfora. Em verdade, nós "piscamos", enquanto existência, assim como uma lâmpada sustenta sua luz.

---

[13] Ver MC TAGGART, Lynne. *O CAMPO.*

O advento do Moacyr nos grita a importância da existência. Quando a morte chega, sempre traz consigo um rastro de dor, um vazio na alma. Ao vivenciar a morte de um amigo, partindo-me ao meio, o vazio de sua presença, que foi referência e testemunha de tudo o que sentimos e partilhamos em todos esses anos, foi como se o destino houvesse brincado e abusado de minha ingênua confiança. Experiências em meu ser que ainda não estavam sedimentadas puseram à prova toda a minha concepção de mundo. Enquanto o ser valer-se do ente para se conhecer, autorreconhecer, a dor será inevitável.

Temos aqui outro grande paradoxo, nosso drama de existência se deve em grande parte à nossa capacidade de autodestruição. Sem a referência do ente, de fato não sabemos o que fazer conosco.

Uma vez entendido que toda a expressão do mundo à sua volta não só recai, mas impregna e marca profundamente seu mundo interno, moldando-o e condicionando seus reflexos, gostaria de lembrá-lo que as estruturas de caráter já isoladas pela psicologia, seja de Jung, seja de Reich ou Ronald Robins, servem como rico mapeamento no que concerne à análise do condicionamento vigente no indivíduo. A estreita relação entre energia, corpo e comportamento instintivo, refere-se ao congelamento da energia na psique humana forjada pelo medo, moldando entre outras coisas uma compleição física. Embora ache de grande valia a capacidade que essas leituras têm de isolar, qualificar e quantificar a energia, para que possamos observarmo-nos com mais precisão, minha tendência é de emprestar-lhes o olhar de que elas revelam aquilo que *não somos*, e não o que *somos*, levando em conta que o caráter é condicionamento.

Não acho muito possível desencadear cura no organismo focando atenção à doença, ao caráter; creio que é preciso descondicionar. Acho extremamente sábia a concepção de Sri Aurobindo, de que doença é falta de consciência.

Onde há doença, o Ser não está lá. Se você conseguiu acompanhar a extrema complexidade que existe na relação entre o ente e o ser, talvez se entusiasme quando então mapear-lhe um caminho auto-investigativo em direção ao Ser.

Embora tenha citado grandes teorias anteriormente, como a Panspermia, o Estado Estacionário e a Nucleossíntese, até mesmo sobre a teoria do *Big Bang* (que vou comentar a seguir), em minha intimidade, tenho sempre a tendência a acreditar que enquanto não tivermos descoberto a origem da consciência, todas essas coisas irão e virão. Seguirão nos estimulando, assim como toda a manifestação da vida, até cair no Ser.

Imaginemos então agora todo o universo como um grande amálgama homogêneo. E pelos mesmos motivos que você já conhece, a grande explosão acontecendo, separando matéria de energia, gerando diversos movimentos de fuga, movimentos centrípetos, centrífugos e de fuga pelas tangentes, o *Big Bang.* Poderosos fluxos de energias, impulsionando, interpenetrando e animando enormes blocos de matéria. Então imaginemos ao longo de eras, matérias sendo animadas por energias em toda parte à sua volta, sejam organismos vivos ou, aparentemente, não, levando em consideração o vento movendo a matéria e até os ciclos dos corpos celestes.

Agora raciocinemos que quando um amigo morre, seu corpo jaz inanimado e sem energia. Não consegue mover-se, e por isso sem consciência. Dessa vez então, vamos reanimá-lo artificialmente, através de máquinas e químicas o mais que pudermos, concluindo que é, desse modo, impossível trazer de volta a consciência a este corpo. Concluindo que sem essa energia primordial, consequentemente, sem consciência. Na verdade, não sabemos até que ponto é possível energia sem consciência, mas temos certeza de que é impossível obter consciência sem energia e não ao contrário. Baseado na autopercepção de sua própria consciência, e na autopercepção de sua energia animando sua mente, seu corpo, finalmente, intua o cálculo de como seria essa consciência que impulsiona e anima todos os corpos na origem... Essa é uma curiosa maneira de pensar em si mesmo e a correlação entre criador e criação.

Acredito em Fred Hoyle quando ele afirma que "existe uma inteligência guia construindo uma base para a existência." Ele acredita

> "que essa inteligência no Universo está tentando lidar com alguma coisa, mas não fornece soluções perfeitas. Talvez sejamos um pequeno reflexo da inteligência que nos produziu. Ele sugere que sejamos os representantes locais de uma inteligência maior." (LARSEN, Jytte Kumar e KUMAR, Ravindra. *Kundalini*, o livro da vida e da morte. Caminhos de entrada para a consciência interior. Madras, São Paulo, 2008).

Pois quando penso em minha energia, em minha consciência, não consigo vê-las separadas de um propósito maior. Não consigo enxergar a vida sem um propósito.

Agora, perceba-se sentado confortavelmente com todas estas referências à sua volta: cadeias, mesas, plantas, animais, pessoas, objetos, referindo, situando, estimulando e assegurando tudo o que você construiu de si, sobre si. Dessa vez, imagine que todos esses suportes, e muletas, foram desesperadamente retirados de sua percepção, não servindo mais de referência, nem sequer em identidade ou contraposição a si. Teto, chão, frio, calor ou qualquer outro tipo de referência, tudo desaparece, deixando-o num profundo vazio, até que esse vazio o leve às seguintes perguntas: - O que sinto? Estou aqui? Não estou mais aqui? Ainda sou algo? Quem sou? Deixando por terra até o vazio.

É claro que uma experiência dessas só pode trazer resultados surpreendentes se for verdadeiramente vivenciada e conduzida por majestosas forças internas e externas. O motivo pelo qual você a faria, forçando-o a experimentar tal confronto, teria que ser de suma relevância para jogá-lo nessa real situação. Você se depararia com impasses ainda maiores, como pânicos, sensações de loucura, perda de si mesmo, sentimentos, sensações de morte e estilhaçamento do ego. Mas ao vivenciá-los com profunda reverência e honestidade, não tendo onde agarrar-se a não ser à percepção de si mesmo, você inegavelmente cairia no Si, a fonte de toda percepção, o Ser. Esta foi a inescrutável passagem de Ramana Maharshi, o iluminismo de São Francisco de Assis ao perder toda a sua referência na guerra, assim como tantos outros seres que inefavelmente caíram no Si. Apossaram-se da consciência do divino dentro de si, o senhor de todas as percepções. O motivo pelo qual tenho o cuidado de levá-lo a imaginar e consequentemente vislumbrar uma possível passagem como essa, é de que acredito que todo o ser humano precisa ter gravado em sua lembrança até mesmo uma remota possibilidade de que esse despertar possa acontecer em sua vida.

Você pode ser o que você é.

Não tem como ser algo que você não é.

Ainda assim, dentro do que é,

existe a versão afirmativa de si mesmo.

E isso, é o que você é.

Longe dos ditames transcendentais de que o divino está em tudo e o que importa é o Ser, portanto todo o resto não tem serventia alguma, creio que esses tipos de argumentações metafóricas, a serviço do ego, obedecem à vaidade. Completamente desconectadas da consciência, servem para nublar e confundir ainda mais a noção do Si, desencadeando baixa autoestima, acrescendo o caos já existente. Particularmente, não vejo muita diferença entre alguém que descreve ou insinua encantadores e inacessíveis estados espirituais de bem-aventurança (como se houvesse um modo perene de gozo celestial a ponto de não ser mais necessário o trabalho evolutivo, e ainda assim autossugerindo elevação), bem como os apelos comerciais que vendem a promessa de saberem o que é melhor para o indivíduo, para o buscador, entregando-os à sua porta como mais um produto *delivery*. Ambas as falas têm o foco de roubo de energia. Para essa questão, tenho uma pergunta bem simples, retire o universo e deixe o Ser... O que seria do Ser sem o universo?

Como toda pessoa que tem a percepção alterada, eu também tive uma infância incomum, ouvindo e vendo coisas aqui e ali; mas no começo de minha adultescência me vi numa crise crucial. Já havia até então me aventurado a todos e quaisquer tipos de religiões sem me sentir pertencente a nenhuma, visto que naquela conjuntura meu pai era da umbanda, minha mãe, testemunha de Jeováh e surpreendentemente continuavam casados, embora o tema vigente de meu lar fosse o que seria ou não de satanás. De forma que em plena crise viajei para um acampamento em busca de mim mesmo. Eu precisava saber se Deus me aceitava, pois meus instintos, minhas visões e percepções não me permitiam pertencer ao Deus de minha mãe, e eram duvidosos demais para me reconhecer no Deus de meu pai. Foi um acampamento comum com os amigos, um acampamento religioso naquela altura só me confundiria ainda mais.

Numa noite em especial, com uma lua gigantesca (vale esclarecer que eu não tinha informação suficiente para saber que se tratava de uma lua de *wesak*), subi solitariamente num pequeno monte que havia por perto na praia, ajoelhei-me lá no alto e com toda a minha honestidade clamei: - Senhor, eu vejo coisas, sinto coisas, ouço coisas, não te vejo, não te ouço, não te sinto, não posso afirmar honestamente que tu existes, se és masculino, feminino, assexuado ou incorpóreo, mas se tu existes em alguma forma, e se houver um caminho a seguir, mostra-me.

De novo, ao regressar para casa, na varanda, ainda com a chave na porta, fui surpreendido por meu amigo Condesmar avisando-me de que um forte iogue acabara de chegar na cidade e que estava indo conhecê-lo, convidando-me para ir junto. Imaginando que seria a minha resposta sagrada, larguei a mochila e fui. Confesso que achei tudo um tanto quanto bizarro, aqueles mantras me pareciam técnicas de lavagem cerebral, fiquei dividido entre o medo e o fascínio, na verdade medrosamente apaixonado.

Isso mudou minha vida para sempre, foi quando conheci os ensinamentos de Ramana Maharshi, o sábio de Arunachala. Anos depois, já fora de casa e dando conta de minha vida, sentia-me completamente identificado com os ensinamentos de Ramana. A essa altura, eu meditava entre três a quatro horas por dia, tinha decidido ser um homem santo. Sentava-me em postura de lótus e mergulhava num profundo sentir, "quem sou eu", focalizando a mente do lado direito do peito, como seus ensinamentos preconizam.

Sem dúvida acessei o divino. O estado de amor e de luz, a bem-aventurança que aumentava cada dia mais, por vezes transbordava-me em lágrimas de beleza, por mais, um profundo foco de presença no Si, mantinham minha serenidade no dia a dia. Sentia-me já garantido, amparado quanto ao caminho a seguir.

Para minha surpresa, um dia, após sair da meditação, minha respiração alterou-se involuntariamente para o estado de hiperventilação e meu corpo para espasmos musculares. Em meio aos incontroláveis solavancos corporais, não conseguia mais recuperar meu precioso estado de serenidade, não conseguia mais viver sem a extravagante ofegância.

Acreditando ser um desafio, um estágio a ser ultrapassado de desbloqueios corporais, emocionais e mentais, proveniente das práticas meditativas, prossegui rigorosamente com a disciplina; com ela, maiores e mais profundos estados e estágios de beleza, luz, amor, grandiosidade e inteireza. Poderia ficar ali em bem-aventurança para sempre, porém, ao retornar à vida cotidiana, deparava-me com um caos ainda maior. Embora pudesse permanecer em estado de paz ainda que com toda a alteração, era impossível levar vida útil e não preocupar os demais. Perdi o sono, meu corpo saltitava ofegantemente por toda a noite, resultando em *stress* pela manhã. Passaram-se três meses, e a essa altura, eu estava perto de completar quinze dias ininterruptos de insônia total, sendo que por esse motivo, não sabendo mais identificar com clareza a origem do problema, a um passo de me tornar *borderline*. Desesperado em minha busca, acreditava ser uma fraqueza de fé e desrespeito para com o Divino abandonar as meditações, já que havia conquistado a nobre façanha de atrair a manifestação divina sobre mim, decidindo por esse motivo prosseguir com meu impasse e repassar essa responsabilidade para Deus. Claro que a essa altura eu não conseguia mais discernir o que era júbilo e o que era dor. Todos à minha volta estavam preocupados, até que um parente de um amigo próximo, que era turco e médico, achegou-se a mim em meu leito e me disse: - Diga-me então, qual é o teu mal? Ao que respondi: - Não é o mal, é o bem, observe e veja que a energia à minha volta é de pura luz divina...

Até para o momento, reconheço que minha resposta era um tanto quanto bizarra, mas para minha surpresa ele respondeu: - Sou espírita e quando vou atuar como médium, sinto ondas de formigamento nas juntas, percebo que estou sentindo isso agora especialmente forte, acho que meu guia protetor vai se manifestar... E de repente sua expressão desdobrou-se para a do mentor, que me disse: - Fica em paz! Encheu meio copo de água com o que eu tinha ali, e prosseguiu: - Olhe para este copo e coloque, com seu olhar, aqui, tudo o que necessitas... Com minha costumeira ingenuidade o fiz. Em seguida, ele deu-me a beber em três goles, logo a seguir fui caindo em sono profundo, permanecendo assim por dois dias.

Quando acordei, havia uma atmosfera de alegria no ar entre meus amigos, eles comentavam entre risos o estado do médico descendo a escada ao voltar. De forma que com minha fé reforçada, prossegui mais convicto ainda, e voltei a meditar. Mas, para meu desapontamento, desta vez fiquei ainda pior em meu estado. Caindo num profundo *stress*, prostrando-me no chão, gritei com toda força de minha fé kamikaze para o além: - Vocês mostraram-me esse caminho, agora não me deixam prosseguir... achem uma solução ou vou enlouquecer e morrer disso aqui mesmo... Não vou desistir de forma alguma... Passados dois dias, eu estava completamente acabado e triste, quando recebi a visita de um amigo de São Paulo com a notícia de que havia um mestre vindo da Índia e que teria sido discípulo direto de Ramana Maharshi; tinha um trabalho fechado em São Paulo, no qual eu poderia receber sua iniciação. Com grande exultação fui ter com ele para recebê-la e assim misteriosamente tudo passou.

Desta vez completamente confiante e seguro, seguia com minha vida de discípulo, desbravando minhas inseguranças e desafios quanto às meditações, pois tinha um mestre verdadeiro para me orientar.

Meu *sadhana* somava entre seis a oito horas ininterruptas de meditações diárias, podendo colocar em prática toda minha fé kamikaze. Eu estava feliz, havia um guru. Avançando vertiginosamente numa só direção, acabei por me deparar com uma situação peculiar.

Passei a sentir o soltar das telas do duplo etérico, um fluxo energético como um vento em todos os chacras e um corpo físico todo formigante. Certificando-me com ele de que estava fazendo direito dessa vez, prossegui meditando até que de repente um dia tudo virou dor. Passei a sentir presenças, ataques, invasões, assim, lá se foi outra vez o meu júbilo. Ao me consultar com meu mestre para ver o que havia acontecido, eu e meu condiscípulo Ananda Deva ficamos completamente atônitos quando ele respondeu:

- Leva pra macumba, filho, leva pra macumba...

- Pra macuuumba mestre?!? Disse o Ananda, transtornado.

Ao que então ele voltou a retrucar:

- Não existe energia nenhuma, não existe chacra nenhum... Leva pro médico.

Confesso a vocês que nesse momento, conversei comigo da seguinte forma: - Se minha vida, meu *self* está me mandando ir para o médico, eu vou... Vou aprender com isso, preciso concluir e entender a lição dessa passagem.

Agora cansado de passar por essas coisas e completamente aviltado, decidi ir a um médico alopata, pois não suportava mais ouvir falar sobre energia, resolvi acabar com tudo.

Qual não foi a minha surpresa, quando dessa vez o tal médico alopata me questionou:

- Pavitra, quanto tempo faz que você medita?

- Por volta de onze anos, respondi.

- E por quantas horas?... voltou ele a perguntar.

- Eram duas horas por dia, aumentei gradativamente e faz uns quatro anos que medito oito horas por dia.

Para a minha surpresa ele voltou a explicar:

- O cérebro é como um computador... entenda que foram muitos anos ininterruptos de hipoventilação no cérebro, com isso você desobstruiu alguns canais, agora cabe a você não enlouquecer com isso.

Curiosamente, isso não seria problema para mim... Voltei para a terapia para resolver tudo de forma real.

Contudo, essa passagem ainda prosseguiu, pois era no momento muito difícil desapegar-me desse templo, eu procurava de algum modo continuar com minha vida de devoto.

Em busca de respostas, fui então ter com uma sensitiva, a qual vou citar mais tarde aqui, que disse: - Tudo isso já acabou... seu guia está me dizendo que siga em frente... não demora, esse homem, esse mestre vai morrer...

Eu tinha uma certa responsabilidade sobre as pessoas que levara a esse templo, tinha que avisar a todos que não o recomendava mais. Ao tentar fazê-lo, me vi bastante humilhado, pois o desequilibrado até o dado momento era eu, sendo que ele era um mestre com mais de dois mil e quinhentos discípulos. O mais impressionante é que, para a surpresa de todos, o falecimento se deu subitamente em quatro dias.

Coisas como lutar por uma bem-aventurança imaginária, projetiva, e os segredos que incorrem a esses vínculos (visto que existe uma crença de que ninguém sabe o que se passa dentro do outro, e de que posso dizer o que eu quiser, pois você é forçado a acreditar no que eu digo, sendo que não tem como constatar o que se passa dentro de mim, se é verdadeiro, sincero ou falso) tornam em sua busca tudo muito impalpável, desaguando consequentemente em uma fé completamente cega e perniciosa. Para isso, tenho um ditado árabe que adicionei ao meu repertório com o passar dos anos que diz:

"CONFIE EM AHLLAH MAS AMARRE O SEU CAMELO."

Muitas coisas se passaram, mas hoje, a minha maior gratidão, o meu maior aprendizado é de que eu estava lá comigo. Eu não me abandonei em nenhum momento, pude me acompanhar, me apoiar, me guiar.

8 O PECADO ORIGINAL

Quando criança, por vezes arrebatado em alegria
tamanha, pairava-me a seguinte questão:
- Se não é dia de festa, se não é Natal, nem meu aniversário,
por que há uma tão grande dentro de mim?
Com o passar dos anos, a sensação foi diluindo, o fenômeno
desvanecendo, mas o tempo trouxe a resposta:
... era o Divino, avisando-me que conseguiria...

O capítulo que devo abordar nesse momento é bastante delicado. Eu peço a você todo o respeito possível, porque seu foco aprofunda o contato com o seu próprio sentimento de confusão entre a existência e os malogros da vida.

Agora em tenra infância, toda a minha percepção saltitava entre uma contagiante alegria, a curiosa vontade de avançar com minhas brincadeiras e a mágica sensação de que a vida era tão somente um frescor de clorofila na manhã. Transbordando entusiasmo e ingenuidade, requisitava de minha mãe um querido irmãozinho que gostasse de farra (essas foram as minhas palavras), e assim se fez. Quando meu irmão nasceu, atendendo assim ao meu chamado, era um robusto bebê mais forte do que eu e extremamente alegre. De forma que não foi difícil para mim perceber que Deus, em minha mãe, havia atendido ao meu apelo. Era como se um mágico brinquedo tivesse aterrissado em meu lar. Queria estar com ele todos os dias e em todas as horas. Nos entendíamos perfeitamente em nossos sons e jogos de alegria, não tinha como pensar que ele não fosse meu. Eu o havia encomendado, ele me havia eleito. Em minha mente, não havia possibilidade de não adotá-lo, cuidar dele, e assim o fiz.

À medida que nossa idade avançava, o vínculo aumentava cada vez mais, de forma que por vezes me sentia irmão, por vezes educador, pai e, por que não, até mesmo mãe dessa criança. Quando saíamos para brincar na rua ou passear, dava-lhe banho, comida, vestia-o, protegia-o e orientava na lida com os moleques. Adorava fazer isto, ser seu tutor, seu conselheiro, seu orientador.

Ao atingir a idade de nove anos e ele, três, deparei-me, assombrado, com uma precoce deformação em seu caráter, se aqui podemos chamar assim. Percebia-o esvaindo-se pelos vãos dos dedos; suas características de honestidade, ingenuidade e transparência quanto à percepção do mundo e de mim haviam-se amofinado. Curiosamente, ele aprendera, para meu espanto, a manipular e mentir. Em minha ingênua e franca jornada de educador, havia traçado planos de fazer dele um homem digno e correto, vendo assim todo o meu empenho cair por terra. Não havia como não me sentir responsável, não sabia que satisfações dar a meus pais pelo meu engodo. Estarrecido, vi-o denegrir-se por um caminho de jogos sombrios, e ao longo dos anos foi simplesmente impossível safar-me dos percalços da vida e cuidar dele ao mesmo tempo. Observem então, que ao reler essa passagem, ele pode achar e sentir, por essas ou outras vias, exatamente as mesmas coisas por mim.

Os anos passavam e perguntas pairavam no ar. O que acontecera? Será que ele se percebia como eu o percebia? Como trazê-lo de volta? Será que conseguiria? E eu? Estaria perdido também? Poderia me autorresgatar? Tenho a percepção correta sobre isso? Ou estarei apenas vagando em devaneios? De certa forma, sentia que deveria enriquecer mais meu repertório ante as conclusões a tirar. Embora tudo isso acumulasse grande angústia em meu peito, não poderia evitar de atirar-me para a vida e com ela aprender.

A essa altura, o diálogo já se encontrava completamente truncado, como se o que eu tivesse a dizer ou ouvir, ao atravessar a engordurada lente da percepção, fosse trazer-me ou levar informações, maculadas por expressões reativas e borradas de ressentimentos. Dessa forma, vi-o gradativamente afastar-se até nunca mais vê-lo.

Certas decisões, tomadas por instintos carregados de forças de convicções, podem forjar guinadas para atalhos em seu rastro, e até mesmo fazê-lo dissipar-se sem volta.

Foi com essa marca de responsabilidade sulcada em minha alma, que parti para a minha jornada evolutiva e lembrei. Sonhei e lembrei o quanto pude, interpretei, meditei, simbolizei, senti, agonizei, até encontrar as peças que faltavam em meu quebra-cabeça pessoal. Pois só assim minha integridade seria reparada.

Lembrei que minha mãe nutria preferência assumida por este caçula. Até perceber que ela o degustava, usufruía, consumia seu afeto, ingênua e compensatoriamente a seus dessabores do casamento e da vida. Entendi que a pureza, a imaculada expressão afetiva de uma criança em seus primeiros anos de vida, por vezes seduz o adulto a pensar que ilusoriamente dará conta de se relacionar de igual para igual com essa criança. Entendi que essa recém-chegada alma, já tecendo os primeiros fios do corpo erótico e com assombrosa hipersensibilidade cutânea, organiza o primeiro sensorial-físico de um Titã.

Não temos o hábito de imaginar um adulto berrando a todos pulmões, deitado de barriga para cima, golpeando o colchão com os calcanhares e punhos cerrados, em ira profunda. Nossa persona não o permite muito. Mas toda vez que você o vir fazendo, este bebê não deve ser subestimado. Sua força é tal qual, por outras vias, a de um adulto formado. Cada toque sensualizado de uma criança sem limite, cada som, movimento e expressão, estão carregados com a força da semente que o abastecerá por toda sua vida. A responsabilidade sobre isso é extremamente implacável. Esta força está a serviço de engendrar e qualificar toda a estrutura necessária para esta existência, não podendo ser desviada, usufruída, maculada até que esteja pronta para si. As gravações a serem observadas nessa fase vão apoiá-lo ou traí-lo talvez para sempre. Se essas gravações passam a ser educadas segundo a vontade e necessidades de outrem, essa criança interna pode passar a favorecer os demais, expondo-se a abusos constantemente, pensando fazer o certo por toda uma vida.

Agora, imagine você uma muda de árvore, programada para dar suculentos frutos em sua adultescência, sendo consumida em seus brotos, seus galhos e raízes, já em tenra idade e sem volta. Ela nunca chegará a conhecer o potencial ali adormecido, seu esplendor, sua missão na maturidade. A questão se agrava quando eu o levo a perceber que esta não é tão somente uma questão de nossos irmãos, ela é uma questão de nossos avós, de nossos pais, dos nossos amigos, de si mesmo e da humanidade, ela é a sua questão. Ela vem revelar tudo aquilo que não se encaixa entre as sensações, os sentimentos e as emoções na estrutura do seu caráter. Ela descobre a ferida que não sara na sociedade humana, o usufruto desmedido que encobre a insuportável dor do não saber, da perdição, do pecado. Mergulhar em si mesmo é mergulhar no todo, porém tal mergulho não acontece sem que corramos alguns riscos. O medo de se deparar com algo que não se possa lidar, na verdade não é tão fantasioso assim.

Cada vez que mergulho em mim mesmo, corro o risco de não conseguir me reconhecer em algumas paisagens internas. No entanto, quando me desvendo, desvendo também o universo, de forma que isso também possa não ser uma metáfora. Ter as próprias respostas é atributo daqueles que ousaram desbravar suas próprias selvagerias. Deparar-se com um ser dentro de si, que não está adaptado ao meio artificial que o homem criou, pode tornar ainda mais caótica a sua capacidade de trocas.

Mas vejamos algo curioso a tratar: Digamos que em algum momento, você enquanto criança, se deparou com o olhar reprovador e condenador de algum de seus provedores. Procure lembrar essa passagem nesse momento... Quando isso aconteceu, podemos perceber que foi sobre alguma ação ou comportamento que aquela criança manifestava no momento, mas creio que devemos desembaraçar algo sumamente precioso aqui. Entendamos que nossas primeiras percepções ainda não recebem rótulos, nomes; elas obedecem algo em parecença com "curiosidade + vontade", e isso nos leva a avançar e desvendar constantemente os novos desafios à frente, conquanto, essa energia que impulsiona e anima o seu corpo e consciência, através do próprio movimento prepara-o cada vez mais para o próximo passo. Ela segue aprontando com isso sua coragem para a vida, construindo assim sua graciosidade, ou seja, um corpo e uma consciência com um tônus maior, e capacitado para sustentar o movimento gracioso na experiência a seguir.

Porém, esse olhar reprovador pode interromper um fluxo, um movimento que não era errado, mas somente ainda não estava pronto, maduro, gracioso. A "curiosidade + vontade", ainda não o tinha levado a concluir o tônus ideal, a ponto de ganhar aprovação dos demais. Mas, dessa vez vemos o medo, a insegurança, o desmazelo, desesperadamente a procurar um olhar de aprovação, estampado no olhar dessa criança, enquanto o adulto prossegue: "ASSIM NÃO... ASSIM!" E o fluxo vital pode ser interrompido para dar lugar a um fragmento de pacote comportamental, desconectado do fluxo vital. Aqui temos os riscos de uma educação desorientada.

Uma experiência dessa pode levá-lo a nunca mais descobrir sua própria forma, seu movimento autointegrativo. Aquele desesperado olhar infantil pode prosseguir por toda a vida em busca do olhar para agradar, sem encontrar a aprovação para prosseguir vivo. Sem encontrar jamais sua forma, seu jeito, o SEU. Tornando-o "bondoso", subserviente, ansioso, impaciente... etc. Porém, tudo volta a agravar, quando esse olhar de condenação é transferido para o Deus criador, impedindo dessa vez até mesmo a possibilidade de você fazer a autorregulação em privacidade.

Observe que tudo que é autorregulador não é elegante, consequentemente, mal visto socialmente. Somos educados a fazer autorregulação em segredo. Uma vez isso aclarado, ouso dizer que esse estágio primário da consciência, "curiosidade + vontade", é o seu instinto, e isso já foi criado e aceito pela Consciência Primordial. Você só evolui espiritualmente quando o seu instinto evolui, o que é muito distante das falas e acordos socialmente desenvolvidos para agradar os demais, mesmo que esses sejam espiritualizados...

Corro o risco de afirmar que um ser humano que não consegue descobrir-se quem se é, um ser humano que não consegue ser o que é, arrisca ser um humano medíocre, e, consequentemente, é impossível escapar da baixa autoestima. A aventura que se segue a uma percepção maculada conecta o indivíduo com um sentimento de que não há leis a seguir, não há hierarquia a seguir, remete-o a tamanha indignação, mantendo a incoerência do mundo viva e gritando em sua percepção, sempre em evidência, em alerta, cada vez mais conduzindo-o às raias da irreverência. O cinismo e a automutilação obrigam-no a decidir: "Farei minhas próprias leis, extrairei o que puder aqui e agora e me safarei o mais rápido possível. Não há o que construir." Eis aqui o pecado original, impresso e simbolizado na passagem iniciática de Eva, ao ceder em sua imaculada nudez ante as insinuações da serpente no seio do Paraíso. Sua ingênua e instintiva curiosidade, agora, seduzida a enveredar por caminhos que só interessam à rejeição e aos sentimentos de solidão da serpente maldita.

"O remédio se encontra no fundo d'O MAL."
(Mirra Richard, A MÃE do Sri Aurobindo Ashram)

9 O MAL

"O mal não é fruto da ignorância.
Ele é uma energia muito específica:
é fruto da covardia."

(Pavitra Shannkaar)

O mal é uma mentira que ganhou verdade.

É algo não real.

É o desespero de não ser, e suas respectivas ações.

É aquele que não deu conta de se relacionar com o amor, e assim insiste em afirmar sua existência no poder e no medo.

O mal é aquele que perdeu graça por abandono e rejeição.

É o que não se dispôs a aprender com o vínculo amoroso, a trajetória evolutiva.

Ele não existe. Mas usa de medo e violência para se impor, porque nele, não há base para existência. Seu comportamento é assustador, agressivo, violento, impõe medo para manter distância, e com ela, o mistério para sua subsistência.

O mal não aprofunda a consciência de si, porque se o fizer, já encontrará a base prístina da vida, que o aniquilará por ser o Sim primordial de toda existência encontrada.

Ainda assim, como ganhou compromisso e criou estrutura no poder através de muitas estratégias e consciências perdidas, nutre em silêncio o medo de perder seu posto de importância. Que é justamente a ilusão de ter o mesmo tamanho que o bem, o amor da consciência maior. Em sua arrogância e quimera ele se acha equiparado, mas prossegue insustentável. O que se sustenta, ainda é o eterno sim da Consciência Suprema.

Em minhas indagações e pesquisas sobre o mal, cheguei a um ponto de não mais me conformar com o medo do sofrimento. Não consegui sequer conhecer uma história de alguém que ficou livre dele. A dor, e não o apego a ela em nosso planeta dual, desponta como uma referência poderosa em contraposição à evolução, ou ela, a evolução, também não existe.

Em todas as histórias de heróis, santos, mártires, e até mesmo pessoas comuns, o sofrimento delineia e contorna em grande parte as iniciativas do nosso comportamento.

Entendi que o mal é realmente uma ilusão. Ele não tem um rosto, uma forma, ou até mesmo uma intenção clara sobre os fatos. Suas apelações, atitudes bruscas, brutas e violentas, se devem à sua inconsistência, que também tem origem no medo. Fazemos uma grande confusão entre dor, medo e mal. É errôneo pensar que a dor um dia vai acabar. Mais do que humana, ela é uma referência da vida que nos sinaliza por onde não devemos passar; mas quando interpretada pelo mal, no máximo, seu poder de atuação chega a paralisar o movimento, congelar a expressão, o avanço.

Devo dizer a vocês, que uma base amorosa sustenta toda a existência e expressão de tudo o que há, caso contrário não há permissão para a existência, para a vida. Ao fazer contato para identificar a origem do mal, entendamos que se a tal permissão estiver também intrínseca a ele, a própria permissão acabaria por aniquilá-lo, ou seja: uma base amorosa aqui, acabaria com sua existência, e somente a ilusão pode sustentá-lo em uma periférica camada de crença. Violentar aqui, ou seja, a violência do mal, é igual à postura de não se deixar aproximar para que não haja aceitação de sua própria existência. Pois somente a postura de rejeição consegue dar sustentação à sua presença em nossas vidas. Ao focalizar suas características, a própria verdade já é suficiente para causar a tal destruição, graças à tamanha tenuidade e inconsistência.

Dentre minhas pesquisas sobre as imagens assustadoras do diabo, deparei-me com a de Luther Link, em seu livro *O Diabo, máscara sem rosto.* Lá, podemos ver que ele apareceu no século IX, mas veio a se tornar o que conhecemos no século XIV. Satã é uma palavra hebraica que em geral significa adversário, nada mais. Às vezes ele é um ser humano, às vezes uma figura celestial. Em Jó, no Antigo Testamento, Satã é um membro do conselho de Deus. Satã é um posto, seja de inspetor, seja de promotor. Satã é um título, não é nome de ninguém. Satã não é o diabo, embora viesse a se tornar em comentários cristãos. O Diabo é encontrado nos evangelhos de Lucas e Matheus[14],

[14] *Mateus* ou *Matheus*, nome que em grego escreve-se *Matthaios*, tem origem no hebraico *Mattiyahu*, cujo significado é 'dom de Javé'. Lucas, em grego *Loukás*, se origina de *Loukanós*, cuja raiz *lyke*, *luk* ou *luc*, vem de *lux*, luz. *Lucas* significa 'o luminoso'.

é chamado de *diabolôs*. Essa palavra é grega e significa difamador, acusador, e foi traduzida para o latim como *diabolus*. Se você se dispuser a pesquisar como eu fiz, poderá se surpreender, assim como aconteceu comigo, ante a sua inconsistência; como e quando ganhou asas, forcado, arpéu, tridentes e seus propósitos perante nossa cultura. Ainda assim, nas culturas antigas, tende a ser interpretado como forças do feminino, devido a seus caracteres emocionais.

Todos nós temos dentro um demônio, um monstro sedutor que persiste em nos arrastar implacavelmente para a zona de conforto. A questão é que ela não é um recurso seguro no que se refere a nos salvar do sofrimento, da loucura ou da morte.

Essas paisagens em nossa psique situam-se exatamente onde o ego se arrasta com demasiada fraqueza, oscilando sobre os valores de sobrevivência...

"DECIFRA-ME OU DEVORO-TE", é justamente o confronto com esse inimigo interno de força maior. Em minha experiência de vida, aprendi que uma pessoa não enlouquece sem que haja ali um bom montante de ironia, cinismo e um profundo rancor sobre alguns eventos do passado. Quando isso acontece, se torna quase impossível reparar a situação. Geralmente, essa questão provém de uma violenta ruptura do fluxo "curiosidade + vontade". A desconfiança e o estado de poder reforçado erroneamente nublam de forma cruel as necessidades reais. Voltar a ser humilde e obediente ante a passagem a seguir não pode ser experimentado sem o sentimento de humilhação. Estar em risco de perder a si mesmo é estar só, sem confiar em ninguém. Desconfiar dos demais para confiar somente em si é estar sem bússola, isso não o refere.

Hoje, com o avanço das pesquisas científicas, podemos perceber que um dos maiores equívocos da psicologia tradicional foi o reforço na crença de que o trauma em si justifica o comportamento. Quando olhamos na história da humanidade, já podemos ver que não há como estar livre de um. A origem da palavra trauma ainda oscila: enquanto pesquisa, fontes diferenciadas afirmam que vem do grego e significa dano, avaria; ao passo que em outro escopo, acredita-se que a palavra trauma vem da raiz indo-europeia ter, que pode ser traduzida como desfiar, esfregar, atritar. Algo de trauma acontece mediante a toda primeira experiência, ao confrontar-se com a inexperiência e imaturidade do ego. Do ponto de vista da Totalidade, ele, O TRAUMA, tem a função de emprestar a primeira roupagem que o ego deve vestir. Deve prosseguir através do entendimento e reflexões, dissolvendo e sutilizando esses tecidos até voltar a ganhar graça em seu movimento. Quando podemos dizer: "Ah, então é só isso, não vou morrer disso?", somos capazes de não nos assustarmos com o descontrole físico que ocasionalmente acompanha a autorregulação, o que sobra é a consciência. Ainda assim, o Legado, o Dom, é mais importante.

Tal serpente em sua versão maligna, não dando conta de transmutar o próprio veneno, induz o ingênuo a macular-se, para não mais prosseguir pecador e só, tentando destruir as barreiras da discriminação, contaminando o coletivo. De modo a implementar um novo padrão de comportamento nutrido pela zona de conforto. Eis aqui o arquétipo da bruxa. Estamos falando das emoções sombrias, dos ressentimentos de alguém que sofreu tantas desilusões e traições em suas referências, a ponto de não mais acreditar que somar forças ou construir história valem a pena. O objetivo maior de manter a percepção sempre alerta, no caso, é para estar sempre pronta a se apossar, antes de tudo, e de todos, tomando mais do que a parte que lhe cabe, e isto é, na verdade, uma grande distorção do instinto de sobrevivência.

Este, é um instinto que por vezes conecta o ser com a sombra da deusa tríplice. O poder da triangulação é um poder alquímico de movimento, logo, é mister mantê-lo subjugado às intenções previamente estabelecidas, ou ele acaba ganhando tamanha aceleração, tornando-se dessa forma quase impossível não identificar-se com o caos. Estamos aqui falando das Moiras, tecelãs do destino, as Erínias, companheiras de Hécate, cuja face negra é a da lua, as Harpias, assim como de tantos outros arquétipos que triangulam e simbolizam um feminino sem freio. O feminino terrífico e devorador, como uma grande boca que deglute indiferenciadamente tudo para o inconsciente. O arquétipo de Iyami Oxorungá, a senhora dos pássaros, se trata de uma força tão poderosa, que somente para poder pronunciar o seu nome homens e mulheres se levantam em atitude de respeito, em algumas regiões da África. Vou falar mais sobre isso à frente.

Diário de Bordo

Eu corro o risco de você nem mesmo ter paciência de ler o que escrevi, mas estou muito impressionado com o que a nossa estrutura social fez às pessoas que eu amo. Convencer as pessoas de que é preciso expressar o seu melhor, de que é preciso acreditar, que o seu melhor lhe trará algo melhor, é como lutar constantemente com o Mito da Caverna de Platão. É encarar a criança ferida, não mais disposta a ser resgatada do colo do vilão, o aliciador que adotou essa criança em segredo, dentro de você.

Chegamos ao tempo de uma emergência muito cruel, a emergência de olhar pra dentro e perguntar em que vício estamos atolados a cada segundo, a cada passo do dia a dia. Sair da caverna e enxergar a ampla liberdade que a vida nos oferece, é como lidar com o vício e a possibilidade de vingar os sofrimentos passados. Pegar tudo, pegar primeiro, pegar antes de todos, pegar escondido e pegar sozinho, pegar mais do que a parte que lhe cabe, e safar-se das consequências desses excessos cometidos, tornou-se a oportunidade principal, a capacidade de realizar e saciar esse vício mal-são. Nosso trabalho tem um tanto de missão, de luta pela evolução, de reality show, de ficção, de processo terapêutico, de diversão, de emergência, de maratona, prática espiritual, brincadeira de criança, awatarismo e de vida comum.

Estar Ungambikkula é estar nu, poder conversar a partir da força do coração e não da dor do coração. Ela, a dor, vem sempre antes, mas se você acreditar nela, poderá não vir a descobrir o poder real. Porém, isso requer um bom montante de sacrifício, sacro-ofício, até entoar o som de alma pra alma e correr o risco de acordar alguns...

Wilhelm Reich estava certo quando escreveu o seu livro ESCUTA ZÉ NINGUÉM. A mágoa de Reich era justamente a de ver que o ser humano não estava mais disposto a ser resgatado de suas lavas de ressentimentos, das areias movediças da próxima sigla a seguir... TDAH, OMS, BRICS, TOC, GMO, CLT, DST, ABBA, ONU,

FIESP, CAPS, PROSAC, UTI, STF, GLBT, CEP, CD, PEPSICO, FUNAI, ROTA, NASA, RG, OAB, MSG, CDF, ABNT, CNH, CIDA, FUNARTE, MEC, OMB, KY, FMI, AI, MMA, UNICAMP, AA, PM, ENEM, CUT, SOS, FEBEM, TSE, SESI, SBT, RPG, MSN, FB, BOVESPA, IBGE, SEDEX, CRM, TNT, TFP, MST, SAMU, RFB, CIA, SENAI, SUS, CS, UPA, ANATEL, EBRATUR, CAT, AIDS, CAEPF, GVT, CI, CCB, CF, CND, CNI, CNO,CTPPS, DAT, DCB, INCRA, BER, DIB, FAT, BK, FGTS, INDE, GFIP, TV, GPS, INSS, UNESP, IN, MANAD, MPS, AACD, UFO, AZT, AC, IBOPE, DSM, SRT, DKFGT, GUVDWL RHUGE IN RO WVC KT XY HU SV

Em minhas histórias junto ao grupo de pesquisadores, houve uma em que uma aluna e amiga nutria em si o peculiar comportamento irreverente a que aqui me refiro. Através de quebra de acordos, ela acabou por despertar a ira de um ancião criativo, vingativo e cruel. Este, por sua vez, não poupou esforços em procurar recursos na magia negra através de sacrifícios de animais e nos condenar à danação. Em minha ingenuidade, cuidava apenas de meus vínculos de luz e devocionais, acreditando ser o suficiente quanto a zelar pela minha harmonia e em meu trabalho.

Foi quando, pego de surpresa, senti e ouvi o pousar de muitos pássaros no telhado. Assustado, dei voltas na casa buscando encontrá-los sem nada comprovar. Por aqueles dias, sempre a partir das 18h, exatamente a hora da Ave-Maria, o fenômeno voltava a ocorrer, esfriando a temperatura de meu lar e concentrando uma espessa camada de ectoplasma de quarenta centímetros pelas paredes da casa. Desesperado, tratei de invocar a luz para me proteger, percebendo que, por mais que esta se fizesse presente, nada tinha a ver com a remoção do ectoplasma sombrio. Constatando inúteis meus recursos, ocorreu-me a ideia de fazer uso dos Tronos para invocar os Anjos Divinos. E assim o fiz. Sabendo que essas energias obedecem a rituais, assentei um Divino Trono de um Anjo de Luz, buscando ali as orientações e acabar com o pesadelo. Qual não foi minha surpresa, quando uma poderosa e enorme presença, cujo porte somava a altura aproximadamente de dois metros e meio, ancorou-se à nossa frente entre os Tronos. Abrimos a vidência e nos deparamos com aquela manifestação definitivamente divina, de extrema beleza, e indagamos: "O que é isso?", "o que é essa imensa quantidade de seres voadores e sombrios que vemos e ouvimos pousar no telhado, e fazem escorrer o ectoplasma pelas paredes?"

- São como almas de animais voadores que

foram sacrificados em trabalhos de magia negra, cujo sangue é mobilizado para gerar ectoplasmas e poder, respondeu a Presença. E nós voltamos a perguntar: "E depois disso eles são salvos e encaminhados para a luz?"

- Infelizmente não, eles ficam assim como vocês os veem e percebem, até que algo seja feito por isso.

Ficamos muito chocados e angustiados com a situação sem solução e voltamos a perguntar: "mas como é então essa questão de luz e sombra?", esperando ingenuamente ouvir que Deus salvaria tudo no final.

Curiosamente, ele nos mostrou flutuando no espaço vários pontinhos, e os fez aproximarem-se cada vez mais até que ficasse tudo negro. E disse:

- Sombra.

E voltou a espalhá-los cada vez mais de forma que eles clareavam até virarem um campo de luz. E disse:

- Luz.

Entendam que tudo ocorria concomitantemente. O Trono, a Presença, o ectoplasma na parede, os seres do telhado; de forma que resolvemos clamar por ajuda e prosseguir com nossa luta.

Esse ensinamento passou a dar sentido e explicar muitas de nossas dúvidas no que se refere à sombra e ao egoísmo, à luz e ao altruísmo. E que ao espalhar a energia com boa vontade, a luz automaticamente se faz como uma forma ética de manifestação.

A essa altura, toda vez que ia me deitar, já exausto de tanto lutar e dar cabo a toda aquela sobrecarga, tinha que encarar, antes de dormir, minha cama tremendo e gelada de ectoplasma, ainda para ser limpa. Colocava-me sentado sobre as pernas em cima da cama com as mãos espalmadas no colchão, com o foco de mentalmente esforçar-me por projetar toda aquela geleca para fora de minha casa ou para o infinito, quando curiosamente, numa das noites, ao pousar as mãos sobre o colchão, misteriosamente um jato turbinado de energia saiu de minhas mãos e projetou toda essa energia para fora dali.

Era claro para mim que eu não o tinha feito, mas quem o teria? Creio que não preciso explicar para você que a essa altura qualquer coisa me dava medo. Eu nem mesmo sabia muito distinguir o bem do mal. Abrimos a visão novamente e percebemos dessa vez a presença de outro Anjo, com estatura mais baixa que o anterior, com asas brancas maravilhosas, usando vestes marrons. Passado algum tempo, eu já estava prestes a me acostumar com a situação, quando alguém me explicou que, embora a estivesse encarando como um conteúdo karmático, essa magia tratava-se de uma versão primitiva e sombria do poderoso arquétipo de Iyami Oxorungá, em sua versão vermelha, o pássaro da morte. Elas se apresentam também na cor branca e amarela.

Certa feita, durante a passagem, cheguei a ter-me com o tal pássaro entrevoando entre as árvores à frente de minha chácara, enquanto meus dois chow-chows, cuja característica da raça é não latir, uivavam na madrugada ininterruptamente para aquela direção. Buscando recursos em minha psique para resolver o enigma, pois por mais que buscasse ajuda externa nada se resolvia, uma noite sonhei que minhas forças para lidar com a magia tinham de ser tão primitivas ou mais para cortar o mal.

Assim, como uma iniciação xamânica, sonhei ser eu um dragão.

O Sonho 1

No baque surdo da noite, espreitava eu a saída de uma caverna, ao mesmo tempo em que procurava entender onde estava e porquê. De repente, um vulto inimigo entrepôs-se ao luar, que eu observava para a saída da noite, sendo que às minhas costas só havia escuridão. Parecia o vulto de um homem, um gladiador mascarado carregando uma rede; e depois outro, e mais outro; até que me vi encurralado e decidi correr em direção à saída para me libertar.

Em meu trajeto de libertação, fui violentamente interpelado por um de meus inimigos, mas para minha surpresa, vi-me desfechando um golpe violento com o meu dedo médio na cabeça do suposto caçador que tentava me enlaçar com uma pesada rede, e só então pude observar que eu não era um humano, pois minhas garras atravessaram-lhe violentamente as têmporas. Já a ponto de me lançar para a queda mortal e cair no precipício, espantosamente abri as minhas asas e voei para o amanhecer num corpo de um majestoso dragão, cuja envergadura ainda carregava numa das asas, uma lança desferida pelo inimigo... Voei.

O Sonho 2... dias depois

Seguido por outro, em que agora em pleno dia caminhava pela superfície de um descampado, quando de repente me deparava com uma larga reentrância na terra, um buraco relativamente não muito fundo. Com mais ou menos uns 80cm de profundidade, mas uns 20m de diâmetro. Nesse lugar se encontrava uma pedra, como um ovo, cuja mãe sobrevoava acima da minha cabeça, o suposto dragão. Esse sonho me indicava que essa força seria da Idade da Pedra, pois seu ovo era de pedra, estaria à minha disposição e me ajudaria a acabar com o encanto. Por tudo, isto na época concluía a minha iniciação.

E assim o fiz. Espalhando e dissolvendo para todo lado aquela carga karmática e maligna, voltando a ter esperança novamente.

É claro que essas percepções, essas sensações, esses estímulos, simbolismos e mitos, nos passam informações extraídas do inconsciente coletivo. Os ritos com tais passagens apontam para o risco de deslizar e ser implacavelmente devorado pelo inconsciente. Por mais que tenhamos confirmações da existência fenomenológica através do suporte externo, das percepções dos afins reforçando nossas constatações, isto ainda é de pouca valia no que concerne ao enigma a desvendar. Uma passagem como essa nos conduz tão poderosamente, que em muitas vezes se torna uma tarefa desgastante e árdua manter a higiene do corpo, a arrumação do lar e o cuidado do mundo físico. As vagas de energias são tão devastadoras, que de novo volto a dizer, como Jung: "só mesmo muita força moral"[15] pode dar cabo a isso e manter o relógio biológico em andamento. Cada montante de ectoplasma grudado na parede equivale a um

---

[15] Ver JUNG, Carl Gustav. *Memórias, Sonhos e Reflexões*.

mesmo montante de inundação do inconsciente coletivo para sua psique. Uma manifestação como essa pode até mesmo tragar todo o grupo à sua volta para a histeria coletiva, gerando caos.

Essas forças caóticas, costumam ser consequências de um tipo de distúrbio das Ânimas, cuja autoindulgência as torna incapazes de cumprir os acordos já estabelecidos, em detrimento de uma grande fraqueza do ego que somente consegue ceder às seduções de seus sentimentos de preferências e impotências. (Sinto-me moralmente imbuído a explicar aqui, que a palavra psique não significa estrutura mental, como muitos acham. Em origem, a palavra psique vem do grego, assim como a palavra ânima vem do latim, e ambas significam alma). Uma Ânima assim precisa evoluir. E para tal reparação, somente o exercício da lealdade, o sentimento de devoção, assim como uma delicada reverência ao divino, poderão dar cabo a tal incumbência. Os estados de preguiça e apatia provocados por essa baixa de energia tendem a despertar impaciência e antipatia dos demais. Viver assim é simplesmente impossível.

Aqui temos o fio da navalha de Buda. Caminhar um tanto entre a morte e a loucura também pode nos levar ao reconhecimento do Si; por esse motivo, ele é o fio da navalha. Nada mais nada menos que um caminho de extrema provação, como a noite escura da alma. Também tive a oportunidade de ler alguns relatos que simplificam essa passagem, se você os leu, não acredite. A Noite Escura da Alma não tem como ser algo simples, subestimável. Quem a simplifica, seguramente não teve essa experiência, essa passagem. Muito próximo à essência, inegavelmente nos deparamos com um implacável furacão, um sinal de alerta ameaçador, sinalizando o enfraquecimento do ego, obrigando-nos a caminhar entre a morte e a loucura, sem poder ouvi-lo. Essa passagem, porém, deve ser feita com o suporte de alguém experiente e com extremo cuidado. Nosso cérebro nos fornece leituras, conforme as frequências vibratórias dessas presenças, imagens, impregnações; procura em nosso acervo pessoal através dos sinergineurônios um símbolo conhecido para nos guiar e aquilatar o tamanho dos riscos, explicar, e como fechar a equação. Se o máximo que você conhece em sua mente para representar a luz tem a aparência de um Buda, então é ela que se lhe apresentará, assim como qualquer outro símbolo que volte a trazer o conflito ou a solução. Porém, caso você não tenha um código que possa representar e mapear suas sensações, algo como isso pode acontecer, de forma gradual, a construção para uma saída do labirinto do Minotauro.

Todavia, a duração de uma passagem assim depende muito de você; via de regra, ela costuma ser atemporal e holográfica, nada cartesiana. A inundação do inconsciente coletivo para a sua psique pode permanecer até que você possa discriminar e decodificar suas fraquezas, seus vícios, seus medos, se você conseguir.

É claro que tal experiência, rica em carga de forças primordiais do feminino, com passagens e soluções em tal profundidade em nossa psique, se você sobreviver, inegavelmente levantará questões sobre a Kundalini, a Shakti, o Poderoso feminino de luz. Tenho a tendência de articular sobre o diabo, como um pano de fundo para Deus aparecer. Um Dragão aqui só poderia ser feminino e inegavelmente a força da Shakti.

Mas antes de falar sobre o despertar da Kundalini, gostaria de contar uma outra passagem sobre as Harpias.

A essa altura dessa escrita, já sabemos que nossas vidas transitam entre um frondoso emaranhado de vórtices arquetípicos, ou seja, sempre estamos vivenciando infinitas passagens de mitos, holográfica e concomitantemente, ao mesmo tempo, diariamente, mesmo que não tenhamos consciência disso. Agora mesmo, enquanto escrevia e pesquisava sobre as Harpias, para poder enriquecer esse texto, vejamos o que ocorreu.

Como citei anteriormente, elas também são um aspecto sombrio da Deusa Tríplice. Contei também que os raios de Iyami Oxorungá subdividem entre as vermelhas, amarelas e as brancas, como representação desse mesmo arquétipo na luz. As Moiras são as senhoras do Destino. No caso, Iyami Oxorungá, porém em outra nação, também o é. Carrega o pássaro da morte, consequentemente o da vida na versão do feminino, a deusa Ísis, o *pneuma*.

Então, ao escrever sobre isso e acompanhando um caso de uma autoinvestigadora que lidava com uma questão de vícios, embora já tivesse largado o vício de drogas há algum tempo, ainda reconhecia em si comportamentos viciosos que a impediam de tomar posse de suas realizações. Fizemos então a experiência de que ela deveria modelar em argila uma Harpia, para depois jogá-la no rio. Vale dizer que Aelo (a Borrasca) é especificamente uma Harpia ligada a vícios, sendo que as outras mantém somente o vício de se relacionar sexualmente com jovens cadáveres (não nascidos). Em sua difícil passagem, ao entregar a Borrasca no rio, uma vez que essa também é uma passagem do mito, vimos a partir de então um caráter vicioso e sombrio voltar a emergir em sua personalidade, agonizar lentamente em direção à morte, revelando diversos núcleos de conteúdos compensatórios, e consequentemente, desencadeando assim um processo coletivo à sua volta no mesmo raio.

Mas para a minha surpresa, paralelamente a isso, no lar em que três pessoas morávamos, dentre nós, um rapaz passou a assumir um comportamento estranhamente errôneo, adquirido de forma curiosa, somente pela força da ressonância. Vejamos o que aconteceu: em seu transe esquecido, expôs o nosso pássaro vermelho de estimação, que era criado solto pela casa, ao perigo de ser atacado e morto por um novo chow-chow recém chegado em nosso lar. Era um pássaro muito amado, o Lóris, costuma ter um comportamento similar a uma criança de três a seis anos de idade, de forma que caímos em profunda tristeza. Alguns dias se passaram e um campo denso e sombrio começou a preencher toda a casa, e por mais que limpássemos as energias, elas voltavam implacavelmente a preencher. Ingenuamente pensei ser tão somente um processo emocional de dor e perda, mas vendo que a densidade não passava, resolvi então fazer uma incursão pela casa em postura de rastreamento, para localizar se havia algum ancoramento para a tal energia. Qual não foi minha surpresa quando deparei-me com as penas do pássaro vermelho acomodadas sobre a mesa de cabeceira deste rapaz, de uma forma peculiar à carta de um tarô indígena[16], cujo desenho das penas representam "a interferência". Isso mantinha um comportamento aturdido, uma densidade de campo e em mim um enorme desconforto físico. Claro, que sem mais distração, recolhi as penas, desmanchei o desenho e as descartei. Mas, ao fazer isso, imediatamente todo o campo dissipou, o distúrbio de comportamento do tal rapaz passou e tudo voltou ao normal.

---

16 WINTER, Gayan Sylvie e DOSE, Jo. *Vision Quest Tarot*, AGM Müller, 1998.

Até mesmo enquanto lê essa história, você poderá sentir sonolência e cansaço. Não sabemos muito se tudo isso começa fora ou dentro. Pois ressonamos constantemente com o todo, se você exala ou recebe; porém ainda estamos falando aqui da energia que para de circular. Energia que apesar de vermelha não traz vitalidade, mas se refere ao pássaro da morte, o inverso do *pneuma*, as energias do *thánatos*, asas que, ao invés de trazer o hálito de vida, se tornam o voo que não leva para a liberdade, para a vida.

ELA

Parte dessa roda-viva precede as dificuldades que nossas estruturas sociais tem ao lidar com o fenômeno da maternidade, voltando a recair sobre a gravidez. Ao conceber sua criança, uma mãe passa por tempestades sensoriais, que a sociedade insiste encobrir com sorrisos e parabenizados. Surpresa e inundada por sensações e sentimentos gerados pela sobrecarga de hormônios e outros elementos em seu corpo, essa mulher a princípio tende a justificar toda a alteração com o fenômeno da gravidez. Mas, vou desdobrar aqui algumas passagens de sobrecarga que emprestam profundo *stress* a esta aventura. Pois mesmo ele, o pai, em contraparte, encontra-se em despreparo emocional, ante a pressão da coletividade, forjando possuir uma maturidade ou uma naturalidade ainda não conquistadas, salvo em raríssimas exceções. A princípio, ela sente oscilação de humor, cansaço e inchaço do corpo. Seguidos de palpitações, estrias, inchações corporais e excitação sexual. A essa altura, em grande parte dos casos, os supostos pais devem estar levando a vida normal. Em sua melhor versão, ela continua trabalhando, cuidando da casa, da roupa e da comida, como se nada estivesse alterado. Já aí, só lhe resta suportar a situação. Por outro lado, este homem por vezes imaturo, prossegue indo ao clube, jogando bola, assistindo TV, cervejas, saindo com os amigos, ou os intermináveis projetos de trabalhos, muitos, ainda igualmente à sua rotina de solteiro. Enquanto ela deve contentar-se com o divino fenômeno da maternidade. Os familiares festejam, ela se sente só em seu íntimo. Passam a mão na barriga como se não fosse invasão. Ela tem que aceitar com simpatia forjada toda a situação, enquanto o seu peso aumenta espantosamente. Logo mais, chegam as dores nos pés, as pernas pesadas, as varizes, a pressão alta, o risco de diabete, a respiração apertada, porém, a rotina da casa e seus afazeres muitas vezes não podem parar. Mas todos prosseguem festejando. Finalmente, as contrações alarmantes chegam avisando o derradeiro momento dessa maratona de eventos que, em esforço de resgate, as Doulas buscam humanizar, recuperando o ritmo biológico de toda passagem que ficou perdida no mundo da intelectualização. Ela se contorce ou grita de dor. Ao chegar no hospital, apesar da dor e constrangimento, vários profissionais passam pelo local e resolvem fazer o exame de toque, não levando muito em conta a intimidade pessoal. As contrações aumentam, ela grita, começa o parto.

Ela faz força, apesar da dor que é nada mais, nada menos que uma das maiores dores que o ser humano pode suportar. Acontece a descarga e com ela o parto. A criança nasce, ela volta para casa sentindo um enorme vazio emocional e físico, e de forma confusa luta por entender e enfrentar, em seu sentimento velado de solidão, a depressão. Mas todos festejam enquanto ele clama alegremente: "Você me deu um filho!" Ainda assim, ela nem mesmo consegue mensurar os sonos entrecortados, e o *stress* que terá de enfrentar na maratona de amamentação e higienização do bebê que está por vir.

Mas com cuidado, devo assegurar que para surpresa de todos, a sabedoria da vida providenciou a esse pico, a coroação pelo hormônio ocitocina, que promove as contrações e, por sorte, é justamente a substância química do amor. Ele tem a função de reforçar o vínculo amoroso pela cria. O evento do parto como um todo, tende a desencadear uma mágica e grandiosa ressonância, cujos estados se assemelham em muito aos picos de luz.

O desembargar de uma vida ao cume de um parto saudável pode promover em todos à sua volta, e especialmente no pai, justamente o êxtase de um reconhecimento milagroso, a vida.

Esse estado é tão poderoso, que por mais precário que seja o ângulo do expectador, ao testemunhar qualquer parte do corpo dessa criança em primeiro reflexo ao nascer, nunca mais o esquecerá. Será uma referência de amor em sua vida para sempre.

ELE

É com grande tristeza que apuro a observação de que a mulher está aprisionada. Infelizmente hoje, ela, a mulher, ainda está a serviço do gozo do homem. O nosso conceito de que o feminino é a sombra e o masculino a luz, pôs ele, o homem, à frente de decisões que hoje dão contorno ao nosso destino. Ainda não somos capacitados a entender que a sombra é tão somente a contraparte da luz, com potenciais positivos e negativos como qualquer outro elemento do universo. Uns tantos delegados, e outros tantos arrancados, esses direitos e deveres foram decididos pelo homem a troco de força bruta, como se ele soubesse para onde está indo, para onde está conduzindo nossa história, mas ele também não sabe. Perdido em sua testosterona, ele ainda conduz o mundo de forma a delimitar territórios e abastecê-los, como o faz com sua família, esforçando-se por colocar-se ao topo da pirâmide e cadeia alimentar mantendo ainda um sistema social que não acreditamos mais. Esse sistema foi o que nos levou a constatar o nosso mundo de hoje.

O FEMININO

O feminino é grandioso, sua magnitude vemos nas águas, montanhas, nas gemas, nuvens, plumas e florestas. *Magna Mater* agracia tudo que é sólido em nossas percepções, nas magias, nos encantamentos, nas relações afetivas, nos contos de fadas, nas luas, no ocultismo e nos gatos dos telhados. Até mesmo o sol curvou-se em nossa história recebendo o nome de Amaterasu Omikami, em sua personificação de a magnífica deusa da beleza. Sua terrífica envergadura concebe e preserva toda a história da Terra em uma só gema. Talvez seja esse o grande pavor que projetamos no feminino, o medo de nos perdermos em meio a tamanha grandiosidade e poder. Entendê-lo enquanto Matéria Magnânima é essencial para começarmos a dialogar com sua soberania.

10 O DESPERTAR DA KUNDALINI

"Mas encontrei essa corrente de lava e a paixão nascida de seu fogo transformou e coordenou minha vida. Tal corrente de lava foi a matéria-prima que se impôs e minha obra é um esforço, mais ou menos bem-sucedido, de incluir essa matéria ardente na concepção do mundo de meu tempo. As primeiras fantasias e os primeiros sonhos foram como que um fluxo de lava líquida e incandescente, sua cristalização engendrou a pedra em que pude trabalhar." (JUNG, Carl Gustav, *Memórias*, p. 176)

Esta assustadora aventura pelo universo do feminino nos lembra a passagem da Core, a ingênua filha da Deméter, quando raptada para o reino das trevas pelo horrendo deus dos mortos, o Plutão. Não tendo mais como sair, e conquanto amadurecer ali seria a sua única solução, passou a querer entender suas leis, as leis dos mortos, sendo agraciada pela beleza eterna, como Perséfone ou Prosérpina ao final.

Via de regra, um feminino evoluído costuma ser paramentado com uma lua crescente na base ou por perto. Em algumas virgens, ele, o simbolismo, sustenta a força instintiva da ascensão, ou discriminação, visto que a tal lua arremeda a foice da tão temida Deusa Kali. Esta por sua vez, tem um papel fundamental em algumas culturas orientais com seu aspecto de poder, a Shakti. Shakti significa poder; no sânscrito e hinduísmo, o termo é feminino, e anda ladeado com a tão polêmica energia Kundalini.

A energia kundalini não é a energia da vida, ela é a energia da morte, e levará a cabo violentamente tudo aquilo que é ilusão, apego, vício, tendência, ingenuidade, pecado (erro de alvo), brutalidade, sentimentos e emoções densas e primitivas, forçando-o a desenvolver cada item, via conscientização e dor. Sua força é tamanha, que tudo em sua percepção chega alterado e ampliado, chegando às raias do sofrimento físico, fazendo implacável varredura quando em desequilíbrio.

No ano do Cão de Fogo, eu estava com Plutão na cabeça do meu Sol, e foi o ano em que vivi o que aqui contei daquela assustadora passagem com a magia negra. Nessa época eu estava perfeitamente disposto a acolher o meu legado, meu poder pessoal, e fazer a tal passagem com honra, e sem vitimizar. Apelando para as minhas forças, parti em busca de uma solução definida quanto à questão, e intimamente acordei: - Se essa força que venho evitando, e me cerceia há algum tempo, for a minha nova vida, meu legado, e fizer parte da minha passagem de libertação, é melhor que venha.

Reuni um grupo de meditação e passamos a fazer por 27 dias o poderoso mantra de Guru Shiva, Tryambhakam o mantra de Sri Mahamrityunjaya, de libertação; consecutivamente às 6 horas da manhã por 108 vezes em volta de *mala*[17], sendo que todos estávamos decididos em não falhar. Claro que em minha mente, eu tinha quase absoluta clareza de que a necessidade elege o herói, e que essa força poderia recair sobre qualquer um ali disponível, mas com uma tendência maior sobre mim...

Foi quando pela vigésima quinta vez do nosso encontro, a poderosa força me assolou e me arrebatou, impedindo-me de conseguir finalizar o ritual. Conduzindo-me a um pico de alteração jamais alcançado, entre júbilo, alegria, excitação e dor, na verdade um êxtase arrebatador. Vagas de energias densas, líquidas e borbulhantes, perpassavam todos os meus corpos e chakras, como lavas incandescentes, impedindo-me de falar e cantar. Entendam que não houve viagens, ou imagem alguma, toda alteração ocorreu ali mesmo entre as almofadas do templo para depois voltar

---

[17] Terço oriental comumente usado para as repetições dos mantras.

com o ego meio bambo; tom de voz avariado, tremor pelo corpo, e uma peculiar alteração de comportamento no caráter, a ser averiguada.

Preocupado comigo, pois assim fiquei por aquele dia, sem saber se isso era bom ou ruim, e graças ao meu bom vínculo com o meu *self*, sonhei.

Eu já conhecia essa personagem de meus sonhos, por outros momentos, mas nessa versão, essa mulher gorda, enorme, me aparecera com uma foice na mão, prestes a cortar a cabeça de um sábio com a tal foice de Kali, encostando a lâmina ao pescoço, sem conseguir dar desfecho ao golpe. Sentei-me na cama, e a clareza me atingiu como um raio. Um sábio não pode ter sua cabeça decepada, a consciência não deve dar lugar à inconsciência, a sabedoria tem de estar presente durante a passagem, melhor não me encantar demais com os êxtases. Claro que, no encontro seguinte, todos estavam entusiasmados com o ocorrido e uns poucos, um tanto apreensivos com a minha alteração ao final. Porém, essa aventura não terminou ali.

Retomamos o ritual, logo após conversarmos um pouco e deixar clara a interpretação de meu sonho, e meus verdadeiros objetivos sobre a ampliação de consciência, e não o seu abandono. O *sankirtana* prosseguiu com êxito e quase ao final, fui surpreendido com uma força muito maior. Lutando atenciosamente por minha consciência dessa vez, durante o poderoso fluxo, a densa energia emergiu de minha base como um terremoto particular. Com a peculiar característica de um corpo gelatinoso, rompeu-se como uma poderosa rachadura à minha frente, como um invólucro partido, uma bolsa, uma cápsula rasgando ao meio, virando-se do avesso para cima. Não obstante, verticalizou sobre a minha cabeça pelas laterais, dissipando-se numa chama incandescente o fluxo para o alto, deixando-me estranhamente exposto para o mundo; e só mais tarde pude entender que esse seria o meu contato direto com o todo.

Meio aturdido, tive o ímpeto de deitar e observar se tudo estava bem, pois a sensação de estranheza no momento era enorme, e eu precisava constatar se eu ficaria assim para sempre, percebendo o mundo desta nova forma. Claro que eu nutria em segredo um sentimento de autossatisfação e vitória desta vez, pois o êxtase ainda estava lá, mas e depois? Tudo tem uma perda e um ganho, por onde viria o equilíbrio disso?

As horas foram passando, e com elas todas as sensações de alteração que havia experimentado anteriormente no ritual, sendo que por isso decidi almoçar com meus amigos no shopping tranquilamente. Éramos um grupo de catorze pessoas, mas eis que de súbito fomos todos surpreendidos por uma absurda explosão energética da real elevação da Kundalini em plena praça de alimentação, arrebatando todos à minha volta. Dessa vez, sentia-me imerso numa intensa bola de fogo incandescente, que aquecia e corava também os demais, como se fossem expostos ao sol. Meu êxtase, a respiração ofegante, a aceleração cardíaca, a alteração de percepção e os rompantes de prazer eram tão intensos, que mal podia me mover ou observar o que ocorria em torno de mim; algo entre um arrebatamento extático e um colapso. Sentia meus chacras bombarem furiosamente para fora, como turbinas de uma nave embaixo d'água, desta vez sem volta, alterando minha percepção de mundo para sempre. A alegria, o amor, a beleza, o calor e o sentimento de plenitude, fundiam-se com a dor física, a queimação febril e o burburinho da multidão à minha volta; um grande evento.

Mas o que seria voltar para casa dessa vez? Minha única vontade era recolher-me, ficar quieto e só.

Um tempo passou, e na verdade eu pensei que seria mais fácil me adaptar a essa nova vida. De novo em minhas ingênuas crenças sobre a espiritualidade, acreditava que um santo emergiria de dentro de mim, e eu ficaria na paz e no amor, livre de tudo. Mas tudo o que encontrei pelo menos de imediato, foi a incômoda e suja densidade do mundo à minha volta. Questionado e confuso quanto ao que me tornara, passei a procurar respostas dentro e fora de mim para entender como me aproveitaria, como usaria minha nova percepção, meus novos potenciais nesse mundo de hoje. Angustiado com meu novo nascimento, passei a pesquisar nos livros algo que me confortasse e ensinasse a prosseguir. Foi quando felizmente encontrei nos livros de Gopi Krishna, Sri Aurobindo e no diário de Krishnamurti, além de alguns mais, exatamente o que se passava comigo, e o que sentia a respeito dessa passagem. Só assim, acabei por entender que o tempo faria o seu papel, e tão logo o fez; na verdade ainda o faz. A cada dia, como preconizam nos ensinamentos de Gurdjieff: "... e ao retornar para o mundo você vai se deparar com forças que irão constantemente sinalizar onde é o seu lugar".

11 A LUZ

Acho impossível falar sobre luz, sem falar sobre cura e honestidade. Ambas palavras são sinônimas uma da outra. Por isso reservo um especial cuidado ao discorrer sobre a força da honestidade.

No entanto quando a luz se faz, a percepção é guiada por um aquecido conforto, clareza mental e sabedoria definida.

É rico ressaltar aqui que a luz não é relativa, mas, luz se destaca permanentemente como referência.

A velocidade da luz no vácuo é uma constante universal, importante em diversas pesquisas e atividades da Física. Precisamente, configura-se como 299.792.458 metros por segundo (ou 300.000 km/s, como também é utilizado), que define que o tamanho de um caminho percorrido pela luz no vácuo dura o intervalo de 1/299.792.458 segundo.

Sua velocidade em ondas de luz se propaga no vácuo independentemente tanto do movimento da fonte de onda quanto do referencial inercial do observador; sua velocidade emitida por uma fonte em alta velocidade é a mesma que a de outra fonte estacionária. Entretanto, a frequência de luz (que define cor) e a energia pode depender de movimento da fonte relativo ao observador, devido ao efeito Doppler relativístico. Todos os observadores que medem a velocidade da luz no vácuo chegam ao mesmo resultado. A invariância foi postulada por Einstein em 1905, motivado pela teoria de Maxwell do eletromagnetismo e a falta de evidências para suportar o éter luminífero; no entanto permanece confirmado constantemente até então em todas as pesquisas.

> "A velocidade da luz foi postulada por Einstein em 1905. Albert A. Michelson recebeu o prêmio Nobel de Física em 1907 por ter determinado a velocidade da luz com altíssima precisão. O experimento foi

realizado em Londres, e conta-se que, durante sua realização, todos os automóveis e trens de Londres não se movimentaram." (http://www.inape.org.br/colunas/fisica-conceito-historia/velocidade-luz)

O conceito é que a luz não se faz por entretenimento, não é gozo, nem relaxamento, nem descontrole. Luz, representativamente, é retidão, clareza, ela se traduz por solução, orientação.

No Âmbito da Filosofia,

"Descartes determina a razão humana (ou a sabedoria humana, como ele também diz) como um foco luminoso, epistêmico que - acrescenta ele - 'não recebe deles [os objetos a que se aplique] mais distinções do que a luz do Sol da variedade de coisas que ilumina'." (LEBRUN, "Sombra e Luz em Platão", in *O Olhar*, p. 23, Cia das Letras, 2003).

"O modelo platônico da vista jamais implica que esta seja o ato de um ego ou de um *ingenium* soberano, e iluminador sem intermitência. O olho, por si mesmo, não é suficiente para tornar manifestas a nós as coisas coloridas, tampouco é a inteligência que, por si mesma, coloca as Formas. Nem a visão sensível nem a inteligência poderiam encontrar seus objetos sem a presença da luz, que vem de fora." (LEBRUN, G. "Sombra e luz em Platão", in *O Olhar*, p. 23, Cia das Letras, 2003).

Voltando aos campos de energias, o fato é que para as pessoas que os percebem, não há meio termo no âmbito das sensações, sentimentos e emoções. Sua densidade e temperatura poderão influenciar maciçamente na percepção de mundo, e no humor. Quem realmente os sente, reconhecerá prontamente o que estou dizendo.

A percepção dessas realidades é mais facilmente reconhecida por aqueles que por algum motivo, eventualmente, sofreram desobstruções em seus chacras, seu canal.

A ex-cientista da NASA Barbara Brennan nos atenta para o tubo neural, que permanece no indivíduo como uma possibilidade energética, disponível àquele que despontou para a missão de alma. Esse tubo pode ser desobstruído, entre outros motivos, com a elevação da kundalini; e também, por diversas razões, essas passagens de curas pouco têm de agradável e conforto. Elas costumam acontecer em consequência da noite escura da alma, onde escolhas fundamentais são resolvidas.

A partir dessa desobstrução, o tubo, o canal é despertado e nesse momento abre outro tipo de percepção da realidade, ao que eu chamo de percepção real.

O homem muda, quando a percepção muda.

Discorrendo um pouco mais sobre as mudanças, algumas pessoas são especialmente resistentes a elas, mas convém esclarecer algo sumamente importante aqui. Existem as alterações reais e profundas de comportamento, onde observamos no indivíduo verdadeiras mudanças de *vassanas* (tendências), hábitos, gostos, aprofundando às raias da personalidade, porque se passam com pessoas que mudaram o sentido de suas existências, são processos que atingem o profundo anseio da alma, são pessoas que encontram o verdadeiro propósito de estar aqui.

Mas, às pessoas mais resistentes às mudanças, vale lembrar que existe um básico de mudanças que se refere tão somente ao respeito pela vida; a sutilização dos hábitos, que nada mais é do que um mero exercício de adaptação; e, é claro, resistir a isso, é como negar a própria existência, a manutenção dela.

Ao meu ver, para quem acha que isso é um grande feito, na verdade está mais para uma mera ilusão. Aos grupos mais resistentes, que passam a vida sendo empurrados e pressionados pelos eventos e passagens de reajuste, compreendam que a dor não vai passar. Não se pode enganar a correção do universo, a educação de uma vida.

A dor não passa e a dor moral, também não passa com o anestesiamento. Você pode sutilizar e desenvolver da brutalidade da dor, através do entendimento, da adequação e da sabedoria. Por isso compensa evoluir.

Não envie sua dor para o inconsciente, não perca sua luz entorpecendo-se no medo, adquirindo tendências e vícios que acabarão por devorá-lo.

Mas envie a pergunta e permaneça no papel de observador... Não importa onde você estiver, ainda que por um fio de consciência, o *self* lhe enviará a resposta.

Como já falei em outras palavras, existem duas forças primordiais, que nos referem quanto ao que somos e fazemos: a estrutura e o movimento. No caso aqui, uma tem a ver com os sentimentos, as emoções e as sensações... Ela nos dá notícias sobre nosso bem e mal-estar, e estados viciosos e compensatórios, que, a despeito de estarmos referidos quanto ao prazer, desprazer e estados, não é muito segura sobre o que pode ou não ser salutar para a existência.

Porém, a outra força nos dá notícias sobre a carga e a forma das coisas e dos eventos, orientando-nos quanto ao valor de tudo à nossa volta. Sinalizando o que é mais e menos, verdadeiro e falso, melhor e pior e assim por diante, como o que deve ou não perdurar. De modo que emoções, sentimentos, sensações e valores nos dão notícias quanto aos estados que nos permitem ser.

Mas na verdade, esses valores também foram colhidos, através de milhares de anos da nossa história, em que muitos sentimentos, sensações e emoções foram comparados e catalogados para nos orientar, e são ferramentas primordiais da nossa consciência. Contudo, apesar de intensos, ricos e criativos, esses dois recursos, não substituem a força da honestidade.

A palavra honestidade vem do latim *honestas* (pertencente a raiz de *honor* ou *honos*, que deu origem à palavra honra), e significa dignidade, verdade, integridade, não fraudar, não mentir. Refere-se a um sentido mais amplo, geral e irrestrito, a ponto de abarcar todas as virtudes de nossa raça.

Quando nos consultamos em nosso íntimo, calculamos e analisamos os valores em questão (mas comprovamos também um sentimento, uma sensação, um estado congruente, que comprova e sustenta as duas vias de percepções sobre o mesmo ponto, a mesma experiência), algo em nossas consciências reconhece e nos inspira a obedecer, seguir o movimento que reforça a nossa evolução. A isso chamamos de honestidade. Um sentimento de não trairmos a postura, a fidelidade para algo que já reconhecemos como salutar quanto ao resguardo da vida. De forma que sem honestidade, não pode haver cura, reparação, orientação, evolução ou até mesmo presença. Disso, podemos deduzir que sem obediência, não existe evolução.

Somente uma postura consciente é capaz desta façanha, a força de uma referência; que refere e sustenta a si mesma. A isso chamamos de luz.

A alquimia interna, a transformação de sua negatividade, o desembaraçamento de seus medos, o resgate das peças de seu quebra-cabeça, é o passo fundamental para que você consiga pelo menos um mínimo de convivência consigo, sem projetar nos demais. O advento do iluminismo nos trouxe a capacidade de intelectualizar Deus e acreditar que, entre outras coisas, seria possível alcançá-lo através do intelecto.

Embora tenha inclinação por acreditar que toda a linha de forma possa ser um atalho para Deus, creio que também deva esclarecer que o termo iluminação dos hindus não se refere a um conglomerado de elucubrações eloquentes sobre estados e palavras. Ela não é nem mesmo um estado perene de gozo celestial, cuja função seria torná-lo resoluto, invulneravelmente adornado, portando vestes alongadas, destilando sofisticadas e lacônicas falas sobre a fragilidade alheia, porque você escolheu não comer carne. Mesmo que você tenha se conectado com o Divino em sua busca, se você imputar tal postura, sua vaidade o devorará. Afinar sua intenção com a capacidade de amar é o trabalho de uma vida, ou talvez mais do que isso. Estar polarizado em sua luz, só acabará por aumentar a carga de sua sombra, seu inconsciente, tornando-o refém de uma *persona* que sem dúvida sobrecarregará seus parceiros evolutivos.

Acessar a Consciência Primordial, o Budha, o Divino, o Grande Espírito, Brahman (manifestador e manifesto), somente será possível se você retirar toda a ferrugem de seu dom por assimilar, absorver, perceber-se e ao mundo à sua volta. Contudo, a base prístina da vida segue para além de nossos conceitos, de nossas projeções psicológicas, imagens arquetípicas e lisérgicas dos estados alterados de consciência. Quanto a isso até mesmo suas experiências de pico são de pouca valia. Ela, a Consciência Primordial, é a própria consciência pura que empresta fundamentação e sentido a todas as coisas vivas animadas, inanimadas, e/ou mortas. Quando a limitada consciência do ego consegue acessar tal afinação e conexão, a chama volta a arder em seu peito e incontrolavelmente expandir para além de tudo o que você conhece, sem macular a quietude. O arrebatamento amoroso nesse momento tem a qualidade de tranquilizá-lo de que tudo está certo, e que não há necessidade de alterar qualquer coisa à sua volta, pois sua expansão harmonizará o todo, com o todo, pelo todo, porque aquilo que é uno no todo, sempre esteve eternamente lá. Vou tentar explicar aqui, usando o exemplo de algumas páginas atrás, vamos tomar um relacionamento amoroso como modelo para explicar.

Lembremos então que, quando você se apaixona por alguém, isso só se dá num momento em que o ente se encontra distraído em seus afazeres e você o observa pelas frestas do ego, com capacidade de contemplar o seu raio de expressão, a beleza da alma, completamente desnuda, pura; assim nasce o encantamento. No entanto essa pessoa interessante, quando volta a olhá-lo, a se aventurar para um relacionamento frontal, notará que, de forma gradual ou abrupta, toda aquela beleza passa a ser encoberta por comportamentos e projeções de vossos medos e dúvidas. Confundindo toda a beleza e atração, culminando num relacionamento insípido. Vale lembrá-lo, de que a beleza inicial continua e continuará lá, mas por motivos justificáveis ou não, você não consegue mais acessar. No entanto, algo assim acontece no seu relacionamento com o todo. A Consciência Maior prossegue repondo e criando, em todos os matizes de expressões, num plano, com um plano de tamanha destreza, pureza e beleza de consistência incomensurável. Capaz de arrebatar e abençoar aquele que o consegue acessar, somente com a nudez da alma, ou tudo voltará a encobrir. Esse plano, essa percepção existe. Um plano de existência livre de projeções e belo, um lugar sagrado, dentro dos lugares maculados, para todas as direções, onde ser feliz é inevitável, alcançável por um padrão de consciência e percepção real.

Isso tende a educá-lo, a olhar o mundo e as coisas com a força da própria natureza, que, independentemente de toda violência e destruição, prossegue repondo em vida para todas as direções, com esses mesmos olhos: o olhar do Si. Com ele, aprendi que o sentido muda as cores das coisas, e que é preciso transcender as informações do que você percebe. Desta vez vale salientar que o uso de estimulantes, artifícios e agentes externos para alcançar o divino, servem somente para movimentar a sua sombra ou desencadear modos eufóricos, ilusórios, de seus estados e arquétipos internos. Tal estratégia cabe mais à função compensatória ante as insatisfações da vida e as suas frustrações.

Dentro das nossas crenças ocidentais, cremos que a cor branca representa a pureza, a luz e consequentemente o auge da evolução espiritual. Mas, em verdade, o processo alquímico pode ser bem diferente, e justamente esse foi o meu tombo de "ori", cabeça. Via de regra, vemos que no Oriente a espiritualidade não é branca, mas vermelha. Isso se deve ao fato de que depois do albedo "branco", vem a rubedo, "vermelho", o fogo que volta a queimar o branco, fazendo-o retornar ao estado inicial de arco-íris, redistribuindo suas cores, aprumando o estado de cauda-pavoni para extrair o dourado. Só então vem a fase áurea, a aurora boreal.

Apesar de preferirmos a ordem nigredo (morte espiritual), albedo (purificação), citrinitas (despertar), rubedo (iluminação) e fase áurea (o dourado), esse processo não se faz cartesiano, e sim interpenetradamente holográfico.

Se não for bem aclarado que o termo iluminação dos hindus é um termo simbólico, relativo, isso poderá fazê-lo perder-se no exótico, e porque não dizer bizarro labirinto dos arquétipos, com seus estados de espiritualidade lisérgico-improdutiva.

Houve uma época, em que eu me encontrava bastante entusiasmado com a possibilidade de me tornar um curador. Era um buscador das possibilidades milagrosas, conheci muitos curadores legítimos, e outros falsos, queria ver um mundo curado, orava por isso, meditava por isso, recebi iniciações para curar. Achava nobre e divina a tal missão, até que um dia já quase desistindo, fui me consultar com uma sensitiva que disse:

- Sua força virá num momento em que você menos espera, você receberá um telefonema para socorrer alguém, mas chegando lá você vai querer fazer algo, porque se você não o fizer, a pessoa morrerá.

Na verdade, saí de lá mais assustado do que inspirado. A possibilidade de alguém morrer, por eu não ter feito o necessário, se tornou algo insuportável pra mim a partir de então.

Voltei para casa meio desanimado, e a vizinha voltou a gritar:

- Pavitraaaaah?!? Corre aqui, o Bill engoliu um sapo, tá morrendo...

Antes mesmo de entrar em minha casa, ao ver o Bill, deparei-me com ele retorcido no chão, feito uma trouxa de roupa molhada. Para mim, era muito triste ver que aquele cachorrinho alegre, que pulava em meu colo toda vez que chegava à porta de minha casa, pudesse morrer ali envenenado. Emocionado e decidido, não pude conter meus reflexos que passaram a agir numa só direção, tudo para salvar o Bill. Instintivamente, pedi a ela que esquentasse um tanto de água para que eu pudesse aquecer o animalzinho e comecei a massagear, tentando fazer o sangue circular, e consequentemente ele relaxar. Mas para minha surpresa, ele não manifestava nenhuma reação e eu comecei a ficar apavorado com as possibilidades.

Desesperado, voltei as minhas palmas das mãos para o bichinho, tentando emanar energia mesmo sem sentir nada, e pus-me a murmurar: - Ai meu Deus! Fazei com que ele não morra... um tanto como com o finado amigo Moacyr... Fazei com que ele não morra... E nada! Nem sequer um piscar de olhos...

Não sabendo mais o que fazer, passei a remontá-lo como um boneco, coloquei uma perna em pé, ela ficou, depois outra também ficou, mais outra, e mais outra, endireitei o tronco, a cabeça, e ele pulou em meus ombros abanando o rabinho e lambeu meu rosto, já em lágrimas...

Saibam que nessa época eu era um estudante de acupuntura e estava completamente empenhado em me munir com o máximo de técnicas de cura possíveis, estava piamente convicto de que um mundo melhor adviria dessa estratégia, de modo que quase envergonhado, dei a volta e adentrei pelo meu portão.

Sentado na cozinha, perto do jantar, ainda bastante alterado, tentava deixar meu condiscípulo Ananda Deva a par do ocorrido, quando o telefone tocou. Um sentimento arrebatador tomou conta de meu coração, de que aquele seria o chamado, o momento. Embora minha mente relutante prosseguisse intelectualizando e ruminando aquele estado emergente, por mais que me argumentasse ser uma sugestão ou autossugestão, a certeza não dissipava. Cuidei para que ele atendesse o telefone, pois estava muito ocupado com os meus estados.

Para ser sincero, não foi nenhuma surpresa saber que era uma emergência a ser atendida. Alguém passava muito mal, numa cidade vizinha, precisando do tratamento de acupuntura, porém dessa vez em estado grave. A sessão foi marcada para a manhã do dia seguinte, e assim murmurei:

- Ananda, sinto fortemente dentro de mim que devo ir, mas tenho dúvidas ao mesmo tempo. De forma que ele respondeu: - Então vamos, tentava ele me estimular...

Ainda assim para mim, não era uma decisão muito fácil, de forma que me propus a ser o ajudante, o segurador de agulhas, que seja, mas sem precipitações.

A manhã chegou, e logo cedo fomos socorrer o caso de um rapaz que se encontrava na cama, muito debilitado, magro, e com alucinações. Perdido em seu sofrimento, ele pedia a sua mãe que trouxesse a tesoura do jardim, para aparar suas costelas que estavam entrando no colchão. A situação era aterradora e eu não pude me controlar. Voltei-me para a mãe e disse: - Tive notícias de que algo assim aconteceria, e que eu teria que fazer algum tipo de atendimento espiritual, mas nunca o fiz. Não sei muito como, e o que fazer, mas também não quero invadir...

A mãe olhou-me com os olhos em lágrimas e disse-me: - Por favor, salve meu filho!

Como vocês veem, na verdade não tive muito como recusar. Prontamente pedi um pouco de sal para lavar as mãos, como me foi orientado, e resolvi, não sei porquê, puxar energias com a mente, pelo chacra coronário e projetar no rapaz com as palmas das mãos. Uma forte carga passou a descer por minha cabeça, rasgando dolorosamente meu corpo tremulante, quase como espasmos epiléticos, mas não era hora de me importar com isso. Confesso que nessa hora, apesar da dor e incômodo, havia um certo entusiasmo por algo estar acontecendo comigo. Disse à mãe que ficasse, e que energia de mãe pode ajudar muito nessa hora, e o procedimento seguiu seu curso até que senti a hora de parar.

Ao término dessa sessão, para nosso espanto, o rapaz sentou-se na cama lúcido, pediu um pouco de comida e imediatamente sua mãe me olhou com ares de espanto e milagre... inibido, baixei a cabeça e disse que seriam três encontros, e que depois disso não haveria mais o que fazer.

Olhar para si mesmo dessa forma pode ser bastante conflitante, quando não se está preparado. O silêncio de alma que se instalou dentro de mim travou uma guerra implacável com o meu burburinho mental. Eu precisava chorar, mas me era impossível naquele momento. Os estados se chocavam tentando casar... não sabia se conseguiria.

Voltei para casa muito quieto, pois havia feito anteriormente o acordo de que não queria saber a causa do sofrimento desse rapaz. Na verdade, tinha um certo receio de que se eu a soubesse, talvez ficasse inibido e nem tentasse...

Ao chegar em casa, comecei a passar mal, e assim foi por uma semana. Dores, enjoo, febre e sensações de morte, prostraram-me na cama como um enfermo quase agonizante, mas eu prossegui novamente com minha fé kamikaze... ainda rio muito hoje, suscitado por essas memórias.

Uma semana passou, e voltamos a encontrar o rapaz, dessa vez com surpreendentes trinta quilos a mais, andando pela casa, alegre e confiante. De minha parte, procurei tratar toda a situação sem grandes envolvimentos, por causa de minhas inseguranças; como se fosse possível. Fui direto ao atendimento.

Mais uma semana de muito sofrimento para mim, e na terceira sessão, o robusto rapaz chegara, para meu espanto, vestido de terno e gravata, carregando uma pasta do trabalho, para a hora do almoço, em que o atenderíamos. Ao término deste último atendimento, nos despedimos com sentimentos de gratidão... Nunca mais nos vimos. Preferi deixar assim. Tive receio de que meu ego pudesse macular o vínculo com o divino até então conquistado.

Entendamos dessa vez que não existe luz sem trevas, vida sem morte, amor sem medo, cura sem doença. O que podemos, e devemos priorizar enquanto luz, são as devidas orientações que nos afirmam enquanto dom, por nosso rastro a seguir. É claro que se eu permitisse que meu ego se apossasse dessa passagem para me afirmar no mundo, isso acabaria por me deformar, e consequentemente, me perder em minhas satisfações pessoais. Entendi que tudo valeria a pena desde que o evento não nublasse meu norte, minha busca, meu encontro, as responsabilidades sobre minha evolução pessoal, e realização.

Anos mais tarde, voltei a dar suporte aos processos de pessoas terminais, quando ao atender um caso específico de um rapaz que sofria de câncer no fígado, percebi que, na verdade, eu é que recebera uma grande cura, uma grande ajuda, pelos vínculos de luz que o suposto paciente me proporcionara, ao tentar ajudá-lo. A cada sessão de trabalhos energéticos, nossa luz aumentava em carga, de forma que pude acessar outros planos e seres de muita luz e consequentemente afastar-me de algumas coisas que me incomodavam. Porém, minha maior surpresa foi quando, em nosso último atendimento, após dois anos de sessões intermitentes, ao visitá-lo na UTI deparei-me com ele preparando-se para morrer, e tudo que eu aprendera até então sobre energia e luz serviu-nos para ajudar a aumentar a carga de luz a fim de que ele pudesse fazer uma boa passagem, levando consigo um divino estado de beleza.

Noutras passagens observei que as dificuldades karmáticas de cada indivíduo evocam esforços pertinentes às necessidades evolutivas de cada um, portanto, interferir aqui, mesmo com toda boa vontade, pode ser um entrave, uma interferência nociva frente ao treinamento evolutivo que essa alma deve enfrentar.

Destarte, esse processo de individuação - transcendência + integração com o todo - se deve ao fato de que você se individuou dos campos de registros de confluência, para priorizar uma conexão na base prístina com os demais, onde todos somos realmente "UM". Essa base é uma poderosa dimensão da percepção e realidade, que não pode ser maculada pelo homem. Ou seja, nos tornamos cada vez mais o nosso eu individual, até que tomemos consciência do próprio "SI", em todos.

Então fiquem cientes, desta vez, de que há uma confusão ao considerar o termo "aniquilação do ego" como a extinção completa do eu individual.

Se você pretende ir verdadeiramente em busca de uma vida iniciática, ir à busca do SI, saiba que os riscos poderão ser parecidos com esses que aqui transcrevi. Ainda convém entender que todos estes mitos e símbolos tão somente representam estados de percepções que seu inconsciente (instinto), em conexão com o inconsciente coletivo, lhe devolve em estados e imagens. Uma das funções do nosso inconsciente é voltar a embaralhar as cartas para que você decifre e organize seu próximo passo, rumo à iluminação espiritual, a organização do despertar da consciência. Ainda assim, o inconsciente coletivo não passa de uma espessa camada engordurada de resíduos e campos de registros, que são regurgitados por corpos e mentes na dança dos instintos no mundo. Ele pode ser um grande empecilho, pois constantemente encobre a fina sintonia da conexão com o Si Primordial. Apesar de intocável, somente a consciência tem a capacidade de desvendar o tal caminho.

POSFÁCIO

Contar nossas experiências vividas de forma simples e clara parece fácil, porém, podemos nos perder em algumas encruzilhadas do caminho delineado pelos nossos sentimentos e emoções, que podem nos levar para lugares incríveis ou inimagináveis. Por vezes temos a sensação de estarmos de volta ao ponto de partida, pois somos os eternos viajantes de nós mesmos e os lugares que visitamos parecem sempre novos, mas, já estivemos lá muitas vezes. Parece estranho isso, mas não é.

Como podemos contar nossa trajetória se não for através de uma viagem no tempo da alma? Que tempo seria esse? Simplesmente o tempo de Ser e Existir. O tempo da vida e da morte, do sacrifício (sacro-ofício), da luz e das trevas e do renascimento. É um momento único em que tudo floresce para o novo a partir daquilo que já morreu porque precisava morrer.

Plantamos as nossas sementes, e as flores aparecem lindas e novas. E de novo, e de novo, a vida retorna tão bela e plena, tão forte e ao mesmo tempo tão frágil como um jardim. São as incongruências congruentes da longa jornada do "ser você mesmo". A jornada do Processo de Individuação, de acordo com Carl Gustav Jung (1875-1961).

Fazer o seu jardim e ao mesmo tempo ser responsável por ele, compartilhar de sua beleza e remover as pragas quando necessário, só é possível quando se está muito inteiro com a sua construção.

Essa obra nos propõe compartilhar de um processo intenso de transformação e desenvolvimento, confronto entre luz e sombra, mesmo que dolorido, mas, acima de tudo, íntegro e profundo onde o que se destaca é a capacidade de se despir de si mesmo e se olhar, na plenitude de sua nudez, no espelho de sua alma, com honestidade, em busca de autoconsciência e acima de tudo, verdade. É a proposta de uma jornada de autoconhecimento terapêutico.

O confronto com nossas verdades não é fácil, pois sempre somos seduzidos pelas belas mentiras que contamos e mesmo sabendo que são mentiras, transformamos em verdades.

> "Não há despertar de consciência sem dor. As pessoas farão de tudo, chegando aos limites do absurdo para evitar enfrentar a sua própria alma. Ninguém se torna iluminado por imaginar figuras de luz, mas sim por tornar consciente a escuridão". (Carl Gustav Jung - *A Prática da Psicoterapia*)

Só a honestidade nos liberta dessa prisão e nos traz a luz de uma consciência ampliada e forjada com a ferramenta da ética e da força de sempre ir mais à frente.

> "Até onde conseguimos discernir, o único propósito da existência humana é acender uma luz na escuridão da mera existência" (Carl Gustav Jung - *A Prática da Psicoterapia*).

A força para um projeto tão grande e audacioso como esse, só pode ser algo tão intenso e transformador como o numinoso divino. Sabemos que o que é ousado, diferente e intenso tem um custo. A ousadia tem em si o custo da exclusão, da rejeição e da solidão.

Mesmo assim, a busca, a jornada e o sacro-ofício são reparadores por si e nada é mais sublime do que essa conquista. A conquista da plenitude do Ser, em que romper com as amarras da vida se faz muito necessário, pois traduz um olhar para o mundo numa visão mais ampliada, em que é possível criar e ser criativo e se encantar com o novo. Esse é o convite: seja você mesmo e acima de tudo esteja em paz com a sua verdade. Faça a sua jornada. Faça o seu jardim.

Salete Marisa Dian Biagioni
Psicóloga e pedagoga pela PUCCAMP, pós graduada em Psicologia Analítica Junguiana pela UNICAMP, professora universitária, colaboradora em programas de Sustentabilidade Emocional no ambiente corporativo, psicóloga clínica.

SOBRE AS ILUSTRAÇÕES

A Borboleta... foi a primeira ilustração que fiz para este livro. Ainda em 2015. Eu nem imaginava que ilustrar seria um dia minha profissão.

Eu lembro do frescor das ideias, dos vários desenhos, da busca em como captar o voo de uma borboleta mutilada que, honrada, teima em cumprir sua missão. Foi uma inspiração. Conheci isso em mim nessa passagem.

Assim, cada ilustração um novo universo pra dentro e pra fora. Tive a oportunidade de refazer quase todas elas recentemente, mas a Borboleta e o Moacyr permaneceram. Talvez fossem coisas que já estivessem mais maduras naquela época.

As outras eu pude conhecer melhor... versões mais contundentes da própria Sedna, o Dragão, o feminino... enfim.

Até porque, ilustrar as passagens como as contidas neste livro, que inclusive em algumas eu tive a honra de participar, foi um tanto de revelação, com descoberta, com dor, alegria, frustração, esperança. Sem tirar nem pôr. E todos esses universos estavam em algum lugar também dentro de mim. Fui descobrindo. Aprendi isso com o Pavitra.

Foi ele que me encorajou a ser o que eu já era. E ainda o faz. Tenho apenas a agradecer.

Neste livro existe uma escola. Não uma doutrina. Mas uma escola sem dúvida. Eu fiz essa escola. De verdade. Fui iniciada nesses arquétipos, nessas linguagens e condutas. Conheci esses meandros - desde os que nos levam pela noite escura, até aqueles que sem explicação aparente nos levam a reconhecer a luz. Como ele mesmo disse uma vez, não existe uma promessa de Paraíso, mas uma trajetória de desafios e você pode construir o seu (paraíso) se assim quiser e fizer.

Kaliani Dassi

LITERATURA DE SUPORTE

A MÃE (MIRRA). *Conversas com a Mãe.* Sri Aurobindo Ashram. Pensamento, São Paulo, 1976.

AMEN, Daniel G. *Transforme seu cérebro, transforme sua vida.* Editora Mercuryo, São Paulo, 2000.

ARUNDALE, G. S. *Kundalini, uma experiência oculta.* Pensamento, São Paulo, 1993.

ASSAGIOLI, Dr. Roberto. *Psicossíntese - Manual de princípios e técnicas.* Cultrix, São Paulo, s/d.

BAILEY, Alice A. *Morte: a grande aventura.* Lucis Publishing Company / Fundação Cultural Avatar, Rio de Janeiro, 1988.

BASSO, Theda e AIDDA, Pustilnik. *O Inconsciente Emergenta - Introdução à dinâmica energética do psiquismo.* Instituto Cultural Dinâmica Energética do Psiquismo, São Paulo, 2000.

BLACKSTONE, Judith. *O processo da iluminação espiritual.* Pensamento, São Paulo, 1997.

BLY, Robert. *João de Ferro - Um livro sobre Homens.* Editora Campus, 4ª edição, Rio de Janeiro, 1991.

BOADELLA, David. *Nos caminhos de Reich.* Summus Editorial, São Paulo, 1985.

BOECHAT, Walter. *A mitopoese da psique - mito e individuação.* Editora Vozes, 2ª edição, Petrópolis, 2009.

BOLEN, Jean Shinoda. *As Deusas e a mulher - nova psicologia das mulheres.* Paulus, São Paulo, 1984.

BOYESEN, Gerda. *Entre psiquê e soma - introdução à psicologia biodinâmica.* Summus editorial, 2ª edição, São Paulo, 1986.

BRANDÃO, Junito de Souza. *Mitologia Grega* - Vol. III. Editora Vozes, 11ª edição. Petrópolis, 2001.

BRENNAN, Barbara Ann. *Luz Emergente - A Jornada da Cura Pessoal.* Cultrix / Pensamento, São Paulo, 1999.

BRENNAN, Barbara Ann. *Mãos de Luz.* Pensamento, São Paulo, 1997.

BULFINCH, Thomas. *O livro de ouro da Mitologia - histórias de Deuses e Heróis.* Ediouro, 7ª edição, Rio de Janeiro, 1999.

Cadernos de psicologia biodinâmica. Volume 1, Summus editorial, São Paulo, 1983.

Cadernos de psicologia biodinâmica. Volume 2, Summus editorial, São Paulo, 1983.

Cadernos de psicologia biodinâmica. Volume 3, Summus editorial, São Paulo, 1983.

CAMPBELL, Joseph com MOYERS, Bill. *O poder do mito.* Palas Athena, São Paulo, 1998.

CAMPBELL, Joseph. *Mitos de Luz - metáforas orientais do Eterno.* Madras, São Paulo, 2006.

CAMPBELL, Joseph. *Para viver os mitos.* Cultrix, São Paulo, 2000.

CAPRA, Fritjof; STEINDL-RAST, David; MATUS, Thomas. *Pertencendo ao universo.* Cultrix / Amana, São Paulo, 1991.

CESAR, Bel. *O livro das emoções - Reflexões inspiradas na psicologia do Budismo Tibetano.* Gaia, São Paulo, 2005.

CHAUÍ, Marilena. *Introdução à História da Filosofia - dos pré-socráticos a Aristóteles.* Companhia das Letras, São Paulo, 2002.

CUNHA, Odir. *Os bichos ensinam.* Editora Códex, São Paulo, 2004.

CZAPLICKA, M. A. *Xamanismo - origens e mistérios.* TahYu, São Paulo, 2005.

D'ÁVILA, Santa Teresa. *Livro da vida.* Companhia das Letras, São Paulo, 2010.

DASS, Ram. *Caminhos para Deus - Ensinamentos do Bagavad Gita.* Nova Era, Rio de Janeiro, 2004.

DELMANTO, Suzana. *Toques sutis - uma experiência de vida com o trabalho de Pethö Sándor.* Summus Editorial. São Paulo, 1997.

DISKIN, Lia; MERTINELLI, Marilu; MIGLIORI, Regina de Fátima; ESPÍRITO SANTO, Ruy Cezar. *Ética, valores humanos e transformação.* Volume 1, Editora Fundação Petrópolis, 2ª edição, São Paulo, 1998.

DOSSEY, Larry (M.D.). *Reencontro com a alma - uma investigação científica e espiritual.* Cultrix, São Paulo, 1989.

DOWNING, Christine (org). *Espelhos do self.* Cultrix, São Paulo, 1998.

ELKINS, David N. *Além da Religião.* Pensamento, São Paulo, 2005.

ESTÉS, Clarissa Pinkola. *Mulherres que correm com os lobos - mitos e histórias do arquétipo da mulher selvagem.* Rocco, 9ª edição, Rio de Janeiro, 1996.

ETCHEGOYEN, R. Horacio. *Fundamentos da técnica psicanalítica.* Artmed, 2ª edição, Porto Alegre, 1989.

FAUR, Mirella. *O Anuário da Grande Mãe.* Gaia, São Paulo, 2001.

GAIARSA, José Angelo. *A família de que se fala e a família de que se sofre.* Agora, 6a edição, São Paulo, 1986.

GALASSO, Roberto. *Ka.* Companhia das Letras, São Paulo, 1999.

GERBER, Richard. *Medicina Vibracional.* Cultrix, São Paulo, 1988.

GLEISER, Marcelo. *A Dança do Universo. Dos mitos de criação ao Big-Bang.* Companhia das Letras, São Paulo, 2005.

GLEISER, Marcelo. *Criação Imperfeita. Cosmo, Vida e o Código Oculto da Natureza.* Editora Record, Rio de Janeiro, 2010.

GOLEMAN, Daniel. *Trabalhando com a inteligência emocional.* Objetiva, Rio de Janeiro, 1999.

GORE, Al. *Uma verdade inconveniente.* Manole, Barueri, 2006.

GOSWAMI, Amit com REED, Richard E. e GOSWAMI, Maggie. *O universo autoconsciente - como a consciência cria o mundo material.* Editora Rosa dos Tempos. Rio de Janeiro, 1993.

GOSWAMI, Dr. Amit. *A janela visionária.* Cultrix / Amana - Key / Willis Harman House, São Paulo, 2011.

GREENE, Brian. *O Universo elegante.* Companhia das Letras, São Paulo, 1999.

GREENE, Liz e SHARMAN-BURKE, Juliet. *Uma viagem através dos Mitos.* Jorge Zahar Editor, Rio de Janeiro, 2001.

GRODDECK, Georg. *Estudos psicanalíticos sobre psicossomática.* Perspectiva, São Paulo, 1992.

GRODDECK, Georg. *O Livro dIsso.* Perspectiva, 3ª edição, São Paulo, 1991.

GROF, Christina e GROF, Stanislav. *A tempestuosa busca do ser - um guia para o crescimento pessoal através da crise de transformação.* Cultrix, São Paulo, 1990.

GROF, Stanislav (M.D.) e BENNETT, Hal Zina. *A mente holotrópica - novos conhecimentos sobre psicologia e pesquisa da consciência.* Editora Rocco, Rio de Janeiro, 1994.

GROF, Stanislav e GROF, Christina. *Emergência espiritual - crise e transformação espiritual.* Cultrix, São Paulo, 1989.

GROF, Stanislav. *Além do cérebro. Nascimento, Morte e Transcendência em Psicoterapia.* McGraw-Hill, São Paulo, 1987.

GURDJIEFF. *A vida só é real quando "Eu sou". Do todo e de tudo - terceira série.* Horus Editora, São Paulo, 2000.

GURDJIEFF. *Relatos de Belzebu a seu neto. Do todo e de tudo - primeira série.* Horus Editora, São Paulo, 2003.

GUZ, Isac. *Depressão - o que é, como se diagnostica e trata.* Roca, São Paulo, 1990.

HASSELMANN, Varda e SCHMOLKE, Frank. *Arquétipos da alma.* Pensamento, São Paulo, 2004.

HAWKING, Stephen. *O universo numa casca de noz.* Mandarim, São Paulo, 2001.

HERÁCLITO. *Fragmentos contextualizados.* Difel, Rio de Janeiro, 2002.

HILLMAN, James. *A força do caráter e a poética de uma vida longa.* Editora Objetiva, Rio de Janeiro, 2001.

HILLMAN, James. *O código do Ser.* Editora Objetiva, Rio de Janeiro, 2009.

HILLMAN, James. *O suicídio e a alma.* Vozes, Rio de Janeiro, 1993.

HILLMAN, James. *Psicologia arquetípica.* Cultrix, São Paulo, 1988.

HILLMAN, James. *Tipos de Poder.* Cultura Editores Associados, São Paulo, 2001.

HUSAIN, Shahrukh. *O livro de ouro da mitologia erótica.* Ediouro, 2ª edição, Rio de Janeiro, 2004.

INVING, Darrel. *A serpente de fogo - uma visão moderna da Kundalini.* Pensamento, São Paulo, 2000.

JAFFÉ, Aniela. *Ensaios sobre a psicologia de C. G. Jung.* Cultrix, São Paulo, 1982.

JUNG, C. G. *A natureza da psique.* Vozes, Petrópolis, 1984.

JUNG, C. G. *Ab-reação, análise dos sonhos, transferência.* Vozes, Petrópolis, 1999.

JUNG, C. G. *Estudos Alquímicos.* Vozes, Petrópolis, 2003.

JUNG, C. G. *Fundamentos de psicologia analítica.* Vozes, Petrópolis, 1983.

JUNG, C. G. *Mysterium Coniunctionis I.* Vozes, 3ª edição, Petrópolis, 1997.

JUNG, C. G. *Mysterium Coniunctionis II.* Vozes, Petrópolis, 1990.

JUNG, C. G. *Mysterium Coniunctionis III.* Vozes, Petrópolis, 1998.

JUNG, C. G. *Os arquétipos e o inconsciente coletivo.* Vozes, 2ª edição, Petrópolis, 2000.

JUNG, C. G. *Psicologia e Alquimia.* Vozes, 2ª edição, Petrópolis, 1994.

JUNG, C. G. *Símbolos da transformação.* Vozes, Petrópolis, 2011.

KAHN, Hazrat Inayat. *A mensagem Sufi I.* Fundação Educacional e Editorial Universalista, 3ª edição, s/d.

KERÉNYI, Carl. *Dioniso - Imagem arquetípica da vida indestrutível.* Odysseus, São Paulo, 2002.

KRISHNA, Gopi. *Kundalini - o caminho da auto-iluminação.* Nova Era, Rio de Janeiro, 2004.

KRISHNA, Gopi. *O despertar da Kundalini.* Editora Pensamento, São Paulo, 1975.

KÜNG, Hans. *Religiões do mundo - em busca dos pontos comuns.* Editora Verus, Campinas, 2004.

LAGO, Médico Urso-Pardo do. *O curandeiro nativo.* Record, Rio de Janeiro, 1995.

LARSEN, Jytte Kumar e KUMAR, Ravindra. *Kundalini, o livro da vida e da morte. Caminhos de entrada para a consciência interior.* Madras, São Paulo, 2008.

LELOUP, Jean-Yves. *Amar... apesar de tudo.* Verus editora, Campinas, 2002.

LEVY, Carminha e MACHADO, Álvaro. *A sabedoria dos animais - viagens xamânicas e mitologias.* Editora Ground, São Paulo, 1999.

LINK, Luther. *O Diabo - A máscara sem rosto.* Companhia das Letras, São Paulo, 1998.

LOWEN, Alexander (M.D.). *A espiritualidade do corpo - bioenergética para a Beleza e a Harmonia.* Cultrix, São Paulo, 1990.

LOWEN, Alexander e LOWEN, Leslie. *Exercícios de Bioenergética - o caminho para uma saúde vibrante.* Editora Ágora, 4ª edição, São Paulo, 1985.

LOWEN, Alexander. *Amor e orgasmo.* Summus editorial, 3ª edição, São Paulo, 1988.

LOWEN, Alexander. *Bioenergética.* Summus editorial, 5ª edição, São Paulo, 1982.

LOWEN, Alexander. *O corpo em terapia - a abordagem bioenergética.* Summus editorial, 7a edição, São Paulo, 1977.

MC CRONE, John. *Como o cérebro funciona. Uma análise da mente e da consciência.* Publifolha, São Paulo, 2002.

McTAGGART, Lynne. *O campo - em busca da força secreta do unverso.* Rocco, Rio de Janeiro, 2008.

MIGUEL, Euripedes C. (editor). *Transtornos do espectro obsessivo-compulsivo: diagnóstico e tratamento.* Guanabara Koogan, Rio de Janeiro, 1996.

MOORE, Robert e GILLETTE, Douglas. *Rei Guerreiro Mago Amante - A redescoberta dos arquétipos do masculino.* Editora Campus, Rio de Janeiro, 1993.

MORRA, Gianfranco. *Filosofia para todos.* Paulus, 4ª edição, São Paulo, 2008.

NAVARRO, Federico. *A Somatopsicodinâmica - siatemática reichiana da patologia e da clínica médica.* Summus editorial, São Paulo, 1995.

NAVARRO, Federico. *Terapia reichiana - fundamentos médicos, somatopsicodinâmica.* Summus editorial, 2ª edição, São Paulo, 1987.

NEUMANN, Erich. *A Grande Mãe - um estudo fenomenológico da constituição feminina do inconsciente.* Cultrix, São Paulo, 1999.

NEUMANN, Erich. *Amor e Psiquê - uma contribuição para o desenvolvimento da psique feminina.* Cultrix, São Paulo, 1995.

NEUMANN, Erich. *História da origem da consciência.* Cultrix, São Paulo, 2010.

NOVAES, Adauto (org.) e Vários autores. *Ética.* Companhia das Letras, São Paulo, 2003.

O'DONNELL, Kevin. *Conhecendo as religiões do mundo.* Rosari, São Paulo, 2007.

PERERA, Sylvia B. *Caminho para a iniciação feminina.* Paulus, São Paulo, 1985.

PERERA, Sylvia Brinton. *O complexo de bode expiatório - rumo a uma mitologia da sombra e da culpa.* Cultrix, São Paulo, 1986.

PIERRAKOS, Eva (THESENGA, Donovan). *Entrega ao Deus Interior - o Pathwork no nível da Alma*, Cultrix, São Paulo, 1997.

PIERRAKOS, Eva (THESENGA, Donovan). *Não temas o mal - O método Pathwork para a transformação do Eu Inferior.* Cultrix, São Paulo, 1993.

PIERRAKOS, Eva e SALY, Judith. *Criando união - o significado espiritual dos relacionamentos.* Cultrix, São Paulo, 1993.

PIERRAKOS, Eva. *O caminho da autotransformação.* Cultrix, São Paulo, 1990.

PIERRAKOS, John C. (M.D.). *Energética da essência (Core Energetics) - desenvolvendo a capacidade de amar e de curar.* Pensamento, São Paulo, 1990.

PLATÃO. Fédon. *Edipro de Bolso*, São Paulo, 2012.

PLATÃO. *Os Pensadores*, Abril Cultural, 1978.

PRIETO, Claudiney. *Todas as deusas do mundo.* Gaia, São Paulo, 2002.

REGELSON, William (M. D.) e COLMAN, Carol. *Super hormônio - o antídoto natural contra o envelhecimento.* Record, Rio de Janeiro, 1998.

REGULA, De Traci. *Os mistérios de Ísis - seu culto e magia.* Madras, São Paulo, 2004.

REICH, Wilhem. *Análise do caráter.* Martins Fontes, São Paulo, 1995.

REICH, Wilhem. *Escuta, Zé Ninguém!* Martins Fontes, 10ª edição, 1982.

RIBEIRO, Jorge Ponciano. *Gestalt-terapia.* Summus editorial, São Paulo, 1994.

SALIS, Viktor D. *Mitologia viva.* Nova Alexandria, São Paulo, 2003.

SHAH, Idries. *Os Sufis.* Cultrix, São Paulo, 2001.

SHELDRAKE, Rupert. *O renascimento da natureza - o reflorescimento da Ciência e de Deus.* Cultrix, São Paulo, 1991.

SOUCHARD, Ph.-E. *Respiração.* Summus editorial, 2ª edição, São Paulo, 1989.

SPEETH, Kathleen Riordan. *O trabalho de Gurdjieff.* Cultrix, São Paulo, 1976.

SPINOZA, Baruch. *Ética.* Autêntica, 2ª edição, 2011.

SPRINGER, Sally P. e DEUTSCH, Georg. *Cérebro esquerdo, cérebro direito.* Summus editorial, 2ª edição, São Paulo, 1998.

STONE, David Joshua. *Psicologia da Alma - Chaves para a ascensão.* Pensamento, São Paulo, 2000.

SWÂMI ABHEDÂNANDA. *O Evangelho de Râmakrishna.* Pensamento, São Paulo, 1971.

TABONE, Marcia. *A psicologia transpessoal - introdução à nova visão da consciência em psicologia e educação.* Cultrix, São Paulo, s/d.

TOBEN, Bob e WOLF, Fred Alan. *Espaço-tempo e além.* Cultrix, São Paulo, 1982.

Vários autores. *Hypnos - número especial ethos, ética. Centro de Estudos da Antiguidade Greco-romana* (CEAG / PUC / SP). Educ - Palas Athena. São Paulo, 1997.

VAUGHAN, Frances. *Novas dimensões da cura espiritual.* Cultrix / Pensamento, São Paulo, 1985.

VAUGHAN, Susan C. (M. D.) *A cura pela fala - a ciência por trás da psicoterapia.* Objetiva, Rio de Janeiro, 1998.

VILLAS-BÔAS, Márcia. *Olimpo - A saga dos deuses.* Editora Siciliano, 3ª edição, São Paulo, 1999.

VITEBSKY, Piers. *O Xamã - Viagens da alma. Transe, êxtase e cura desde a Sibéria ao Amazonas.* Editora Evergreen - Taschen, 2001.

WAPNICK, K. ; PRINCE, R.; SAVAGE, C.; GROF, S.; ASSAGLIOLI, R.; SOUZA, D. *Experiência cósmica e psicose.* Vozes, 2ª edição, Petrópolis, 1991.

WEBB, Karen. *Fundamentos de eneagrama.* Avatar, São Paulo, 1998.

WILBER, Ken. *A consciência sem fronteiras - pontos de vista do Oriente e do Ocidente sobre o Crescimento Pessoal.* Cultrix, São Paulo, 1979.

WILBER, Ken. *Boomerite - um romance que tornará você livre.* Madras, São Paulo, 2005.

WILBER, Ken. *Espiritualidade integral - uma nova função para a religião neste início de milênio.* Editora Aleph, São Paulo, 2006.